Gisa und Walter Schicker

# RIESENSCHNAUZER

Kosmos

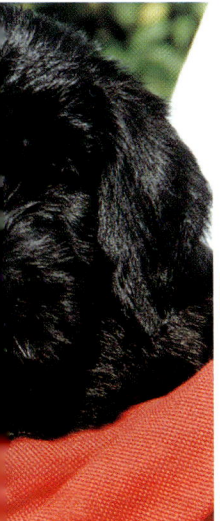

### ▶ Zum Geleit

Der Wandel im Zusammenleben von Mensch und Tier wird in der heutigen Zeit immer deutlicher. Diesem haben die Autoren dieses Fachbuches über den Riesenschnauzer entsprochen. Unter dem Untertitel »PraxisWissen Hund: Auswahl, Haltung, Erziehung, Beschäftigung« geben Gisa und Walter Schicker, mit viel Einfühlungsvermögen und aus reicher Erfahrung schöpfend, ihre Einblicke und Erfahrungen in entscheidenden Bereichen des Zusammenlebens von Menschen mit dieser attraktiven Hunderasse wider. Die Autoren haben erfahren und erkannt, daß die Beschäftigung mit dem Hund, dessen Zucht, verbunden mit der nötigen Zuchtauswahl, ein nicht enden wollender Prozeß des »Hinzulernens« und der Überraschungen ist. Drei Jahrzehnte intensiver Bemühungen um unsere vierbeinigen Freunde auf vielen Ebenen und ein spezielles und vertiefendes Studium der verschiedenen Schnauzer-Rassen finden ihren Niederschlag in diesem Werk, das nicht nur kynologisch informativ, sondern auch von großem Wert für die Umsetzung in der Praxis ist.

Nützliche Hinweise zu der Eignung und Erziehung bis hin zu Krankheiten und deren Erkennung machen diese Veröffentlichung zu einer aufschlußreichen Lektüre für alle Hundefreunde, unabhängig von Rasse und Verwendungsabsichten. Es werdem dem Leser Erkenntnisse und Wege vermittelt, die dazu beitragen, das Zusammenleben von dem uns anvertrauten Mitgeschöpf Hund und dem Menschen zu intensivieren und zu verbessern.

Daher habe ich gerne die Aufgabe übernommen, für das kynologisch sehr engagierte Ehepaar – wie gesagt: versierte Kenner der Schnauzer-Rassen und erfolgreiche Züchter – das Geleitwort zu diesem Buch zu schreiben.

*Uwe Fischer, 1. Präsident des VDH*
*Mitglied des Vorstandes der F.C.I.*

### ▶ Vorwort der Autoren

Das Thema »Mensch und Hund« wird von der Seite des Menschen von einem enorm emotionalen Ausmaß beherrscht, wobei es keinen Unterschied macht, ob der einzelne grundsätzlich für oder gegen Hunde ist. Hinzu kommt noch, daß gerade in letzter Zeit die Medien diese Emotionen gezielt anheizen, wenn sensationslüstern über Verletzungen, Verstümmelungen oder gar Todesfälle durch Hunde berichtet wird oder in abstoßender, mitleiderregender Aufmachung von »Qualzuchten« die Rede ist. Leider stehen im Zusammenhang mit derartigen Reportagen allzuoft Auflagen- und Verkaufssteigerungen im Vordergrund und lassen demnach nur wenig ernsthaftes Bemühen und solides Fachwissen erkennen.

Trotz aller Vorurteile, die es heute gegen den Hund geben mag, hat er ohne Zweifel seinen festen Platz in der Familie und unserer Gesellschaft. Durch die Bewahrung seiner ererbten und durch züchterisches Geschick weiterentwickelten Eigenschaften ist der Hund in vielen Bereichen zum unersetzlichen Helfer des Menschen geworden. Er ist Jäger und Wächter, er dient Blinden und führt sie, er kommt dort zum Einsatz, wo der Mensch nicht weiter kann, nämlich im Katastrophenschutz und in der Drogenfahndung, beim Zoll, der Polizei und dem Lawinensuchdienst. Der Hund hat uns Menschen stets vorbehaltlos sein Vertrauen geschenkt, wir jedoch haben ihm das gleiche nicht immer entgegengebracht, und so gibt es nach wie vor Tierquälerei, unnötige Tierversuche und auch unverantwortliche, nur auf materiellen Gewinn orientierte Massenzüchtungen, obgleich mit Recht gesagt werden kann, daß der Mensch im Laufe von Jahrtausenden zu keinem anderen Haustier eine engere Beziehung geknüpft hat als zum Wolfsabkömmling, unserem Haushund.

In der bereits Jahrtausende bestehenden Gemeinschaft bewährten sich Haushunde weltweit als anhängliche Hausgenossen und kameradschaftliche Begleiter des Menschen und nahmen und nehmen dadurch eine Sonderstellung unter allen Haustieren ein. Mehr noch, Hunde als Heimtiere bereichern und prägen unser Leben vielfältiger als je zuvor. Sie zwingen zur Bewegung im Freien, schaffen beruhigende Entspannung und trösten Einsame. Wissenschaftler belegen, daß Tierbesitzer ein geringeres Risiko haben, am Herzen zu erkranken und auch Bluthochdruckprobleme besser in den Griff bekommen. Die Vierbeiner werden viel weniger als Wach- oder Arbeitshunde gehalten, sondern um emotionale Bedürfnisse zu befriedigen. Der Kontakt mit Tieren hilft, Streß abzubauen. Träge Menschen werden dazu animiert, sich körperlich zu betätigen. Es hat sich gezeigt, daß Menschen mit Heimtieren sich auch eher und schneller erholen. Hunde – und besonders den Riesenschnauzer – zu verstehen und richtig zu behandeln, ist das Kernanliegen dieses Buches.

Neben all den vielen Hundefreunden, die uns seit fast drei Jahrzehnten unei-

gennützig mit Rat und Tat zur Seite stehen, ist es uns ein besonderes Bedürfnis und echtes Herzensanliegen, unseren drei längst erwachsenen Kindern zu danken. Von Kindesbeinen an hatten sie wohl das Vergnügen oder gar das Glück, viele prägende Erfahrungen und Erlebnisse rund um den Hund in unserer Familie sammeln zu können, mußten aber auch sehr früh Verständnis dafür aufbringen, daß Riesenschnauzerzucht nicht nur ein aufwendiges Unterfangen ist, sondern mit der Abgabe der Welpen noch längst nicht endet. Vieles an elterlicher Aufmerksamkeit und fürsorglicher Betreuung mußten sie im Alltag, aber häufig auch an Wochenenden und sogar im Urlaub, mit dem Hund teilen. Leider zu oft war, unseres Hundehobbys wegen, die unbeschwerte »Spielzeit«, die Beschäftigung mit ihnen erheblich zu knapp bemessen, ein Umstand, den wir im nachhinein bedauern und den die Kinder manchmal nur unter berechtigtem Murren bereit waren hinzunehmen.

Im Zusammenhang mit unseren züchterischen Tätigkeiten und Aktivitäten als Formwertrichter im In- und Ausland haben wir viele interessante Persönlichkeiten und renommierte Kynologen kennengelernt. Das ist sicher Anlaß genug, um mit diesem Buch den bescheidenen Versuch zu unternehmen, auch durch die Übermittlung eigener Erfahrungen dem geneigten Leser den Riesenschnauzer auf diesem Wege ein wenig näher zu bringen. Wir fühlen uns der Rasse der Riesenschnauzer uneingeschränkt verpflichtet, weil wir neben vielen anderen Qualitäten ihre Liebenswürdigkeit, Anhänglichkeit und Verläßlichkeit besonders schätzen.

*Gisa und Walter Schicker*

# So sind Riesenschnauzer

# So sind Riesenschnauzer

## ► Vom Bauernhund zum Rassehund

Zu Beginn der neuzeitlichen Hundezucht (ca. 1895) existierte der Riesenschnauzer bereits als alter, hochgeschätzter Land- und Bauernhund in den alpinen Regionen Oberbayerns und wohl auch der Schweiz. Als robuster, wetterfester Bursche gehörte er auf entlegenen Berghöfen zum Hausstand, wo er sich als unbestechlicher, bedächtiger, aber konsequenter Wächter für Haus und Hof auszeichnete. Hochgeschätzt wurde seine für alle Pinscher- und Schnauzerrassen typische Verhaltensweise gegenüber Ratten und anderen vierbeinigen Schädlingen des Hofes: mit zäher Ausdauer lauerte er so lange vor dem Rattenloch, bis er seine Beute erwischte. Dabei zeigte er ein ausgeprägtes Verhalten, das seinem Urtyp die Bezeichnung »Rattler« einbrachte.

Als Landschlag von den viehzuchttreibenden Bergbauern nach Verwendungszweck, klimatischen und geographischen Notwendigkeiten herausgezüchtet, handelte es sich um einen eher mittelgroßen, harmonisch gebauten, dunkelfarbigen, rauhhaarigen, bärtigen Treibhund. Bei all seinen Einsatz- und Verwendungsmöglichkeiten blieb es nicht aus, daß er zum Bewachen auch des beweglichen Eigentums seines Herren mit diesem am oder auf dem Fuhr-werk unterwegs war. Bald gehörte es zum markanten Straßenbild der bierfröhlichen Stadt München, daß er prächtige Brauereigespanne begleitete und bewachte. Hier und in dieser Funktion sahen ihn die Fremden erstmalig. Es dauerte gar nicht lange, und der Name »Bierschnauzer« wurde geprägt.

Als größter, aber auch jüngster Vertreter der Schnauzerrassen wurde der Riesenschnauzer erstmals 1909 auf einer öffentlichen Hundeschau in München gezeigt. Natürlich existierte damals noch keine zuchtbuchmäßige Dokumentation für diesen Landschlag, und so besaßen die gezeigten Tiere auch keinen einheitlichen Standard, sondern waren z. B. in vielen Farbschlägen vorhanden. Die erste Eintragung eines Riesenschnauzers in ein schriftliches Zuchtdokument erfolgte 1911 im Band III des Zuchtbuches des »Pinscherklubs« Köln. Es war »Bitru v. Weinberg«, als »schwarzfarbig« beschrieben, der aktenkundig als erster Riesenschnauzer züchterisch verwendet wurde.

Um die Jahrhundertwende wurden Züchter des damaligen »Pinscherklubs« auf die rauhhaarigen großen Hunde aufmerksam, die hin und wieder als Treiberhunde mit den Rinderherden aus den Gebirgen der Nordalpen in den Tälern auftauchten. Als Folge des rauhen Klimas besaßen sie im Sinne einer

natürlichen Anpassung und zugleich harten Selektion ein eher struppiges, rauhes Fell. Durch die von ihnen verlangte harte Treiber- und Kletterarbeit im Gebirge hatten sie sich zu körperlich starken und imposanten Kerlen entwickelt. Wegen ihres harsch abstehenden Bartes wurden sie »Schnauzer« und als Folge ihrer Größe »Riesenschnauzer« genannt. Die Gebirgsbewohner hatten, nicht zuletzt auch begünstigt durch ihre Abgeschiedenheit, durch engste Verpaarung und Auslese, orientiert an Verwendungsmöglichkcit und Leistung, einen Typ Hund geschaffen,

der schnell großes Interesse bei den organisierten Tierzüchtern erweckte.

Von einer tatsächlich planmäßigen Zucht kann erst seit 1920 gesprochen werden. Der dazu notwendige Standard orientierte sich stark am bereits vorhandenen »rauhhaarigen Pinscher« (Mittelschnauzer), die Farben wurden ausschließlich auf Schwarz oder Pfeffersalz mit dunkler Maske beschränkt, und eine Mindestgröße wurde festgelegt.

▶ ## Werdegang

Seine Anerkennung als Diensthund erfolgte bereits im Jahre 1925, als sich der

»Sitta von Leuchtenberg«. Im ersten Band des Zuchtbuches wird sie ohne genaue Angaben ihrer Eltern im Jahre 1923 unter der Nummer 523 registriert. Gemessen an den heutigen Standardanforderungen schon von überzeugender Qualität.

F. SCHINDLER

»Bubi von der Zehntscheuer«, ZB.Nr. 7388. Schon vor mehr als 60 Jahren verstand man es, einwandfrei aufgebaute, knochenstarke Riesenschnauzer mit faszinierenden Köpfen und viel Ausdruck zu züchten.

Riesenschnauzer zum Bunde der bis dahin fünf anerkannten Polizeihundrassen gesellte. Am 7. November 1926 wurde auf dem Übungsplatz der Landesgruppe Oberbayern des Allgemeinen Deutschen Rottweilerklubs in Lochhausen eine Polizei- und Schutzhundprüfung veranstaltet, an der sich sechs Riesenschnauzer und ein Dobermann beteiligten.

Interessant und ein wenig amüsant sind da noch die Ausführungen zur »Ratten-Prüfung«, die in Nr. 7 der »Pinscher-Schnauzer-Blätter« 1925 veröffentlicht und dann ein Jahr später ergänzt wurden. Da ist die Rede von einer »Rattenfang-Hauptprüfung«, die auf Landesgruppenebene ausgetragen und deren Resultate im Leistungsbuch verzeichnet wurden.

Hier einige Auszüge aus den Prüfungsbestimmungen:

»I. Rattenwürgen. a) Arbeit in der ersten Minute: 5 Punkte; b) Aufstöbern der Ratte: 20 Punkte; c) Würgen der Ratte: 10 Punkte; d) Weitersuchen: 15 Punkte; Anschneiden: 30 Punkte; Spielen: 5 Punkte. 3 Minuten Gesamtarbeitszeit.

II. Spurenarbeit. Ausarbeiten einer Rattenspur bei Hauptprüfung von 100 Meter mit mindestens einem Winkel von 90 Grad. Der Hund kann mit oder ohne Leine suchen: 30 Punkte.

III. Feststellen des befahrenen Loches: 10 Punkte.

IV. Ausgraben der Ratte (Loch ca. 60 cm tief): 10 Punkte. Insgesamt 100 Punkte.

Bei Rattenfangprüfungen sind Hausratten zu verwenden; die gezähmten weißen Ratten werden von manchen Hunden nicht beachtet.« (Vgl. »Pinscher-Schnauzer-Blätter« 1926, S. 313)

Diese besonderen Qualitäten der Hunde müssen ganz bestimmt auch im Zusammenhang mit der Namensschöpfung »Rattler« gesehen werden, sind aber vor allem eine überzeugende historische Erklärung für die so vorzüglichen Spur-, Fährten- und Nasenleistungen des modernen Riesenschnauzers.

### ► Eigenschaften

Durch konsequente Zuchtauslese, die sich phänotypisch immer wieder am Mittelschnauzerstandard orientierte, gelang es, einen universell einsetzbaren, zuverlässigen Familien-, Begleit- und Gebrauchshund zu schaffen.

Der Riesenschnauzer von heute ist ein harmonisch aufgebauter, großer, kräftiger, eher gedrungen als schlank wirkender Hund von respekteinflößendem Aussehen. Sein Schädel ist kräftig und langgestreckt, der Kopf soll zur Wucht des Hundes passen. Der Stirnabsatz erscheint durch die Brauen deutlich ausgeprägt. Der Fang endet in einem stumpfen Keil. Er besitzt ein kräftiges Scherengebiß, seine möglichst dunklen Augen sind mandelförmig eingesetzt, und die hoch angesetzten, gleichmäßig getragenen, V-förmigen Klappohren liegen mit den Innenseiten am Kopf an. Die Widerristhöhe beträgt mindestens 60 cm und darf 70 cm nicht überschreiten. Gewünscht werden ein möglichst quadratischer Körperbau, kräftige Bemuskelung und starke Knochen. Der Gang ist elastisch, wendig, frei und raumgreifend. Das Haar soll drahtig, hart und dicht sein, mit dichter Unterwolle und dem keineswegs zu kurzen, harten, dem Körper

Ideal geschnittener Riesenschnauzerkopf – vor mehr als zwanzig Jahren – mit maskulinem und elegantem Ausdruck zugleich

gut anliegenden Deckhaar. Als markantes Kennzeichen bildet es am Fang den nicht zu weichen Bart und die typischen Brauen, welche die Augen leicht überschatten. Die Farben des Haarkleides sind entweder rein schwarz oder pfeffersalz (zugelassen sind Nuancen von dunklem Eisengrau bis Silbergrau; alle Farbspiele müssen eine den Ausdruck unterstreichende dunkle Maske aufweisen).

### ► Wesen

Bezeichnende Wesenszüge sind sein gutartiger, ausgeglichener Charakter und seine unbestechliche Treue zum Herren. Diese Merkmale, gepaart mit seiner erstaunlichen Intelligenz und Anpassungsfähigkeit, seiner unermüdli-

Kopfstudie mit
sanftem und selbst-
sicherem Ausdruck

Riesenschnauzer
pfeffersalz mit
dunkler Maske und
mandelförmig ein-
gesetzten dunklen
Augen

Vertrauen muß durch artgerechtes Miteinander erworben werden.
An den Ohren kupiert oder nicht – Riesenschnauzer bleibt Riesenschnauzer.

chen Aufmerksamkeit und Dienstbeflissenheit, seinem unerschrockenen Mut und seinem nie enden wollenden Spieltrieb, seiner zähen Ausdauer und problemlosen Widerstandsfähigkeit gegenüber auch extremen Witterungseinflüssen, machen ihn zum Familienhund par excellence.

Der Riesenschnauzer ist zwar ein Hund von respektablem Aussehen, dennoch besitzt er ein unverdorbenes Gemüt wie ein Kind. Er ist wohl groß, aber nicht zu groß für die normale Wohnung. Und trotz seiner Wucht und Schwere genießt er es, als munterer und gutmütiger Spielgefährte mit den Kindern der Familie und der Nachbarschaft im Freien herumzutollen, obgleich er im Hause sehr ruhig und bedächtig sein kann. Faszinierend an ihm ist auch der Gegensatz zwischen dem weichen, sanften, tapsigen Umgang mit Kindern und ihm vertrauten Personen und seine konsequente Reaktion, wenn es darum geht, seinen angeborenen Wach- und Schutztrieb unter Beweis zu stellen.

Für den »Herren« tut er alles, und da er eine ausgezeichnete Beobachtungsgabe für Mienenspiel und Körpersprache

Harmonisch aufge-
bauter Junghund
mit korrekten Win-
kelungen und
naturbelassener,
richtig getragener
Rute

besitzt, genügen oft schon eine Handbewegung oder nur ein Blick, damit er
reagiert. Im Gegenzug erwartet er von
den ihm vertrauten Personen ehrliche
und intensive Zuwendung. Er ist ein
problemloses Familienmitglied und eignet sich daher nicht als ausschließlicher
Zwingerhund.

### ▶ Bedürfnisse

Die harten, rauhen Bedingungen in den
Alpen und die teilweise schonungslose
Selektion haben den Riesenschnauzer
zu einem sehr wetterfesten, in der Ernährung unkomplizierten und wenig
krankheitsanfälligen Hund gemacht. Insofern ist es nicht verwunderlich, daß
zielbewußte Liebhaber und Züchter
schnell erkannten, daß der Riesen-

schnauzer zu hervorragenden Leistungen befähigt ist und überaus wertvolle
Charaktereigenschaften besitzt.

### ▶ Verwendungsmöglichkeiten

Der typische Riesenschnauzer ist in seinem Verhalten ausgeglichen, nerven-
stark, selbstsicher, unbefangen und absolut gutartig. Er ist ein freudiger, verhältnismäßig anspruchsloser Arbeiter
und daher zu vielseitigen Einsatz-
zwecken gut zu verwenden. Durch sein
in vielen Situationen instinktiv sicheres,
auf eigenständiger Entscheidung beru-
hendes Verhalten in Kombination mit
seiner angeborenen Belastbarkeit eignet
sich der Riesenschnauzer bestens zum
Begleit-, Sport-, Gebrauchs- und Diensthund.

# Ein Riesenschnauzer zieht ein

# Ein Riesenschnauzer zieht ein

### ▶ Überlegungen vor dem Kauf

Sie wollen sich in das Abenteuer »Hund« stürzen, und Ihr Herz schlägt für einen Riesenschnauzer, in dem Sie einen zuverlässigen Begleiter, einen lebensfrohen Spielkameraden, einen idealen Partner für Freizeit und Sport und einen treuen Freund sehen. Zudem: der Interessent an einem Gebrauchs- oder Diensthund hat eine andere Prioritätenliste als der Besitzer eines Gesellschaftshundes. Begehen Sie bei der Auswahl nie den Fehler, daß Sie den Äußerlichkeiten mehr Bedeutung beimessen als den Wesensmerkmalen. Natürlich, der optische Eindruck spielt schon eine Rolle, aber man muß immer bedenken, daß alle kleinen Tiere putzig und niedlich sind, aber eben oft nur so lange, wie sie klein sind. Einen »maßgeschneiderten« Hund im Sinne eines Industrieproduktes kann man nicht käuflich erwerben, sondern man kauft ein Lebewesen, das erst durch vertrauensvolle Erziehung und durch seine enorme Anpassungsfähigkeit zum idealen Partner wird.

Warum sind Sie an einem Rassehund und nicht an einem Mischling interessiert?

Mischlinge und Hunde ohne Papiere können vom Aussehen und Wesen durchaus attraktiv sein. Nur daß sie in ihrer Gesamtheit gesünder oder robuster als Rassehunde sind, das stimmt einfach nicht. Sie können durchaus aus Eltern stammen, die aus gesundheitlichen Gründen nicht zur Zucht eingesetzt werden durften. Fest steht: Mischlinge können, genau wie Rassehunde mit Papieren, Träger von Erbkrankheiten sein. Was die kontrollierte Rassehundezucht ausmacht, ist der weit zurückverfolgbare Abstammungsnachweis jeden Tieres. Erkennbare Träger von Erbkrankheiten erhalten rigoroses Zuchtverbot. Ferner besteht ein fundamentaler Unterschied darin, daß der Mischlingshund sehr oft das Produkt einer ungeplanten, unüberlegten, zufälligen Verbindung ist, ohne daß dabei ein erfahrener Züchter seine lenkende und kontrollierende Hand mit im Spiel gehabt hat und den Welpen prägt und sozialisiert.

Ehe Sie sich zum Kauf eines Riesenschnauzers entscheiden, müssen Sie sich auch im klaren sein, daß eine für beide Seiten wirklich gewinnbringende Bezie-

Jeder gibt jedem viel im Spiel: zwei Kinder unter sich.

hung mit einem gewissen Aufwand für Sie und Ihre Familie verbunden ist. Um die so entscheidenden ersten gemeinsamen Tage und Wochen mit dem neuen Hausgenossen richtig zu gestalten, sollten Sie einige Punkte innerhalb der Familie von vornherein klären.

**DER FAKTOR ZEIT ▶** Sie müssen wissen, daß mit Ihrer Übernahme des Welpen für ihn der erste, grundlegend wichtige Lebensabschnitt endet, indem Sie ihn aus dem Verband der Geschwister, der Obhut der Mutter und des Züchters abrupt herausreißen. Zugleich aber beginnt für den Welpen der zweite, für seine gesamte Wesensentwicklung grundlegende Zeitabschnitt. Um gerade in dieser nun folgenden, so hoch sensiblen Entwicklungsphase »höchster Prägbarkeit« (Weidt), die sich etwa bis zur 14. Lebenswoche erstreckt, möglichst nichts zu versäumen, müssen Sie zunächst den Faktor »Zeit« abklopfen.

Der Riesenschnauzer ist – wie alle Hunde – ein soziales Lebewesen, das ein ganzes Leben lang auf die Betreuung im engen Bereich der Familie angewiesen

**TIP**

*Versuchen Sie die Dinge so zu gestalten, daß Ihr neuer Hausgenosse, zumindest die ersten Wochen, nicht allein bleiben muß, sondern daß er ständig Ansprech- und Spielpartner hat. Wenn Sie Ihren Urlaub gar mit dem Termin der Welpenübernahme abstimmen können und bereit sind, Ihre Ferien zu Hause zu verbringen, haben Sie damit einen Idealzustand geschaffen.*

*Die Zeit, die Sie jetzt in die eminent wichtige Eingewöhnungs-, Spiel- und Lernphase des Welpen investieren, ist von einmaligem Wert und daher unwiederbringlich.*

ist. Sollten Sie Kinder haben, sorgen Sie dafür, daß auch sie den Welpen richtig behandeln und ihn nicht überfordern. Wer keine Zeit erübrigen kann, sollte auch keinen Hund haben!

**WELPENSPIELTAGE** ▶ Neben der unmittelbar menschlichen Beschäftigung und Betreuung müssen gerade dem jungen Hund zur artgerechten, unseren gesellschaftlichen Bedürfnissen angepaßten Wesensentwicklung alle Möglichkeiten zu Umwelterfahrungen gemeinsam mit Spielpartnern etwa gleichen Alters geboten werden. Erkundigen Sie sich bei den örtlichen Hundesportvereinen oder Ihrem Züchter über die Möglichkeit der Teilnahme an Welpenspielgruppen oder Prägungsspieltagen. Sie sind, entwicklungspsychologisch betrachtet, der wertvollste und effektivste Ersatz für den Verlust der Gemeinschaft mit den Geschwistern und Eltern.

**DER RICHTIGE TIERARZT** ▶ Finden Sie im Gespräch mit Hundebesitzern aus der Nachbarschaft Ihren zukünftigen Tierarzt heraus, nehmen Sie mit ihm Kontakt auf, vereinbaren Sie den Nachimpftermin, und besorgen Sie sich das passende Mittel gegen Spul- und Hakenwürmer von ihm.

**VOR DER ANSCHAFFUNG** ▶ Als Lauftier müssen Sie dem Riesenschnauzer entsprechende Bewegungsmöglichkeiten bieten, und als Beutegreifer muß er konsequent erzogen werden, damit er nicht Radfahrer, Waldläufer, rennende Kinder, Vieh oder Wild verfolgt. Alleinsein, Vereinsamung und Verurteilung zum Nichtstun sind schlimmer für ihn, als hungern zu müssen. Der Riesen-

schnauzer will und muß Kontakte pflegen können und Aufgaben haben. Bieten Sie ihm Gelegenheit, sich zu betätigen und sich für seinen Herrn einzusetzen!

Die Entscheidung für den Riesenschnauzer wurde unter Beteiligung aller Familienmitglieder und unter Berücksichtigung der vorhandenen Verhältnisse getroffen, und Sie wollen und können das Tier auch bis an sein Lebensende artgerecht halten. Natürlich haben Sie auch längst überlegt, was mit dem Hund im Urlaub geschehen soll, und Sie sind sich auch klar über die Kosten, die nicht mit dem Anschaffungspreis erledigt sind, denn Futter, Tierarzt, Haftpflicht, Steuer usw. bedeuten kontinuierlich anfallende Ausgaben.

Sie haben Zeit und Wege gefunden, mehrmals täglich mit dem Hund auszugehen und Ihrem Riesenschnauzer – seiner Größe entsprechend – jeden Tag einen langen »Marsch« zu bieten, übrigens auch bei schlechtem Wetter! Ein bewegungsfreudiger Hund wie der Riesenschnauzer ist auch ein idealer Freizeitpartner für sportlich aktive Menschen. Die Bedürfnisse des Hundes zu kennen und zu erfüllen, gehört zu den Aufgaben des Hundehalters. Sicherlich haben Sie genügend Platz, um einen größeren Hund angemessen zu halten. Der Vermieter und auch die Mitbewohner haben keinen Einwand gegen Ihre geplante Anschaffung.

Grundsätzlich sind Heimtiere in Miet- und Eigentumswohnungen erlaubt, es sei denn, der Mietvertrag oder ein Beschluß der Eigentümerversammlung verbietet Hunde ausdrücklich. Auch Eigentümer von Einzelhausgrundstücken mit Gärten müssen auf die Nachbarn Rücksicht nehmen. So haben

Spielend vom Welpen zum Hund – zu Hause fühlt man sich wohl.

Hundebesitzer beispielsweise dafür zu sorgen, daß vor 7 Uhr morgens und nach 22 Uhr die Nachbarschaft nicht durch andauerndes Gebell gestört wird. Beim Rechtsstreit geht es für den Zivilrichter darum, ob die Störung nur unwesentlich oder »ortsüblich« ist. Ist dem so, muß sie akzeptiert werden.

### ▶ Wo und wie kaufen?

Einen Riesenschnauzer kauft man weder beim Hundehändler noch anhand von Zeitungsinseraten. Besondere Vorsicht ist angebracht, wenn gleichzeitig viele Rassen angeboten werden. In unserer Republik kann im Prinzip jeder Züchter auch Ahnentafeln ausstellen. Werbeträchtige Vokabeln wie »mit Stammbaum«, »mit Zertifikat« oder »mit Ahnennachweis« sagen also zunächst nicht viel aus, sondern sind oft Teil der Verkaufspraktiken von Hundehändlern, die rein kommerzielle Absichten verfolgen.

**GARANTEN FÜR SERIÖSE ZUCHT ▶**
Ohne Zweifel möchten Sie einen gesunden und rassereinen Riesenschnauzer kaufen, und daher sollten Sie sich bei Züchtern umsehen, die Mitglied des Rassehundezuchtvereins sind, der dem Verband für das Deutsche Hundewesen e.V. (VDH) angeschlossen ist. Deutschland ist innerhalb der Weltorganisation (FCI) standardgebendes Land für den Riesenschnauzer, da er deutschen Ursprungs ist, und der Pinscher-Schnauzer-Klub 1895 e.V. (PSK) mit Sitz in Remscheid (im Anhang finden Sie Definitionen der Abkürzungen und die Anschriften der Vereine) sieht es als seine vornehmste Aufgabe an, den Riesenschnauzer mit all seinen bekannten Qualitäten nicht nur zu erhalten, sondern, ohne ihn in seiner Grundsubstanz zu verändern, den Bedürfnissen unserer modernen Gesellschaft anzupassen.

Ahnentafeln mit VDH- bzw. PSK-Aufdruck garantieren, daß die darauf

Riesenschnauzer-
welpen pfeffersalz
werden fast
schwarz geboren.
Sie drängen zur
Mutter, die ein
wenig Ruhe
braucht.

dokumentierten Angaben korrekt sind und der Züchter sich strengen Wurfkontrollen und Zuchtauflagen unterworfen hat – Kontrollen und Auflagen, die sich schwerpunktmäßig auf die Gesundheit und Wesensfestigkeit der Tiere konzentrieren. Sicher, das Exterieur der Hunde spielt auch eine Rolle, aber der allem übergeordnete Aspekt der Gesundheit gipfelt im Bemühen, in Zusammenarbeit mit Veterinärmedizinern und anderen Wissenschaftlern Erbdefekte wie z.B. die Hüftgelenksdysplasie zu bekämpfen.

**MIT BEDACHT VORGEHEN ▶** Wenn Sie sich nach sorgfältigem Abwägen für einen Riesenschnauzer entschieden haben, setzen Sie sich bitte mit dem Rasseverband (PSK) in Verbindung, der Ihnen dann die Anschriften einiger in Ihrer Nähe lebender Züchter zusenden wird. Handeln Sie nun bitte keinesfalls übereilt, sondern besuchen Sie mehrere Zuchtstätten, und wenn Sie sicher sind, den richtigen Riesenschnauzerzüchter gefunden zu haben, kann es durchaus passieren, daß Sie bis zu dessen nächstem Wurf Geduld bewahren müssen. Nutzen Sie die selbstauferlegte Wartezeit dazu, sich umfangreich auf das neue Familienmitglied vorzubereiten, und genießen Sie zugleich die sogenannte Vorfreude. Hat der Züchter Sie benachrichtigt, daß die Welpen auf die Welt gekommen sind, haben Sie nun die wunderbare Möglichkeit, den Werdegang des Wurfes von Geburt an zu verfolgen und den für Sie passenden Welpen in Zusammenarbeit mit dem Züchter Ihres Vertrauens auszuwählen.

### ▶ Züchter und Wurfstätte

Richtig liegen Sie immer, wenn der Züchter seine Hunde unmittelbar am oder im Haus hält, Ihnen ohne zu zögern seine gepflegten erwachsenen Tiere zeigt und diese ihn mit überschwenglicher Freude begrüßen. Fremden gegenüber können Schnauzer sich anfänglich wohl etwas mißtrauisch zeigen, sie dürfen sich aber weder ängstlich noch aggressiv gebärden. Beobachten Sie das Verhalten der Hunde in dieser Situation genau, es gibt deutlich Aufschluß über die Menge an Zeit und Zuwendung, die der Züchter seinen Hunden zu schenken bereit ist, mit welcher Grundeinstellung er also Riesenschnauzer züchtet. Beantwortet er bereitwillig all Ihre Fragen, die Sie als Erstbesitzer sicher in großer Zahl haben, und bemüht er sich ebenso intensiv, Sie und Ihre häuslichen und familiären Umstände näher kennenzulernen, so haben Sie keine schlechte Wahl getroffen.

### TIP
*Wünscht der Züchter ausdrücklich, mit Ihnen ein Hundeleben lang in Kontakt zu bleiben, und sind Sie sicher, daß Sie stets auf seine Erfahrungen und Hilfe zurückgreifen können, dann haben Sie die menschlich denkbar besten Voraussetzungen für einen guten Start gefunden.*

**Einer der beiden Favoriten macht das Rennen.**

Die saubere und geräumige Unterbringung der Hunde ist ferner eine Art positive Visitenkarte des Züchters. Der Welpenraum der Neugeborenen befindet sich idealerweise im Hause. Sobald man aber etwa ab der dritten Woche zufüttert, ist es durchaus angebracht, die Mutter mit ihrem Nachwuchs in der am Hause befindlichen Zwingeranlage unterzubringen, wo der Wurf warm und trocken liegen muß. Gewissenhaft betreute und sauber gepflegte Welpen gedeihen nicht nur besser, sondern werden überdies auch viel schneller stubenrein.

### ▶ Die Welpenauswahl
Inzwischen sind Sie wirklich sicher, daß ein Riesenschnauzer der richtige Partner für Sie ist, und glauben auch, den Züchter Ihres Vertrauens gefunden zu haben. Wenn sich auch der optimale Zeitpunkt der Welpenübergabe nicht pauschal fixieren läßt, so sind sich seriöse Kynologen einig, daß die vollendete achte Lebenswoche als der früheste Termin gilt. Daher holt man sich den Wel-

pen ins Haus, wenn er zwischen acht und zehn Wochen alt ist.

Nach Terminabsprache reisen Sie mit klopfendem Herzen beim Züchter an, der sich für den besonderen Anlaß viel Zeit für Sie genommen hat.

**RÜDE ODER HÜNDIN?** ▶ Weil überwiegend Rüden in Ihrer Nachbarschaft leben, waren Sie sich schon lange darüber klar geworden, daß ein Rüde die passende Wahl sein würde. In der Anhänglichkeit an den Menschen unterscheiden sich die beiden Geschlechter nicht, wenn es auch bei der Erziehung häufiger Probleme mit Rüden als mit Hündinnen geben mag. Rüden sind manchmal richtige kleine Draufgänger, die sich nicht immer ganz so leicht von verbotenen Handlungen abbringen lassen. Was Sie auch nicht außer acht lassen dürfen, ist die Tatsache, daß Rüden leicht 10 kg mehr auf die Waage bringen als weibliche Riesenschnauzer, nämlich zwischen 40 und 45 kg. Diese allgemein gemachten Anmerkungen dürfen nicht so interpretiert werden, daß es nicht auch harte, dominante Hündinnen gäbe, die jeden Rüden zurechtweisen. Ebenso findet man sensiblere, sanftere, leichter lenkbare Rüden ohne Dominanzbestrebungen.

Im Zusammenhang mit der Haltung einer Hündin muß auf ihre Läufigkeit, die zweimal im Jahr für etwa drei Wochen auftritt, hingewiesen werden. Für Hundesportler bedeutet dies, daß sie deswegen zweimal im Jahr mit der Ausbildung und später mit den Prüfungen aussetzen müssen.

**DAS WESEN DES WELPEN** ▶ Längst ist Ihnen klar, daß eigenwillige, sehr selbstbewußte Hunde eine resolute Hand brauchen, und weil Sie sich ehrlich und selbstkritisch geprüft haben, sind Sie zur Einsicht gekommen, daß der kräftige, imponierende Macho im Wurf zwar besonders ins Auge sticht, aber im Zusammenhang mit Ihrer Persönlichkeit und Vorstellung vom Umgang mit dem Hund eher Probleme schaffen würde.

**TIP**
*Übrigens, die von Käufern oft geforderte erste Wahlmöglichkeit garantiert keineswegs, damit auch automatisch den richtigen Griff zu tun.*

Entscheidend in diesem Zusammenhang ist, daß sich der Züchter, der seine Welpen und auch Ihre persönlichen Verhältnisse kennt, in ehrlicher Zusammenarbeit mit Ihnen bemüht, den für Sie richtigen Hund herauszufinden. Ein sehr selbstbewußter, gar barscher Mensch wird leicht dazu neigen, dem weichen, eher unterwürfigen Hund bereits im frühen Jugendalter den Schneid ein für allemal zu nehmen. Andererseits kann ein überaus dominanter, starrsinniger und daher schwieriger zu erziehender Riesenschnauzer für einen sehr sensiblen und besonders rücksichtsvollen Hundefreund geradezu zum Alptraum werden.

**KIND UND HUND** ▶ Ein für Kinder geeigneter Hund soll weder nervös, ängstlich noch lärmempfindlich sein. Er muß einige Knuffe wegstecken können und ausdauernde Spielfreude besitzen, wohingegen der bedächtige, ruhige, nicht unbedingt sehr bewegungsfreudi-

Freundschaft schon fast garantiert – trotzdem ist die Aufsicht der Erwachsenen unerläßlich.

ge Vierbeiner besser für ältere Menschen geeignet ist. Ehrlichkeit gegenüber sich selbst und kritische Selbstanalyse sind unabdingbare Voraussetzungen, um nicht bei der Auswahl des Hundes bereits Ärger, Probleme und Konflikte vorzuprogrammieren.

### ▶ Wichtige Dokumente

Ehe Sie Ihren Hund endgültig aussuchen, hat Ihnen der Züchter die Ahnentafeln der Eltern vorgelegt, Sie über Art und Umfang ihrer bestandenen Prüfungen informiert, schriftlich festgehaltene Ausstellungsergebnisse gezeigt und das offizielle Auswertungsergebnis der vor Zuchteinsatz obligatorischen, unter Narkose vorgenommenen Untersuchung der Hüftgelenke von Mutter und Vater nachgewiesen.

Von besonderer Bedeutung ist auch das Studium des Wurfantrages, aus dem Sie wichtige Einzelheiten darüber entnehmen können, was Grundlage für die Eintragung in das Zuchtbuch des Zuchtvereins und Basis für die Dokumentation der Reinrassigkeit durch die Erstellung des Abstammungsnachweises (Ahnentafel) darstellt. Der vom Verein bestellte erfahrene und kontinuierlich geschulte Zuchtwart, der den Wurf bereits innerhalb der ersten Woche erstmalig begutachtet hat, ist verpflichtet, eine Menge von Vorgaben, Auflagen und Bestimmungen auf ihre korrekte Einhaltung hin zu überprüfen. Spätestens bei der Endabnahme des Wurfes, die nicht vor Vollendung der achten Lebenswoche erfolgen kann, muß er alle auch noch so geringen Abweichungen von den Zuchtbestimmungen, eventuelle Haltungsmängel, nicht befriedigenden Zustand der Mutter und der Welpen vermerken. Jedes einzelne Tier wird genauestens untersucht, und sollte sich ein Defekt oder Mangel zeigen, so wird dieser Fehler dem bereits tätowierten Individuum auf dem Wurfantrag unverwechselbar zugeordnet. Wurde auch nur eine wichtige Zuchtvoraussetzung von einem der beiden Elterntiere nicht erfüllt, so erhalten die Ahnentafeln aller Welpen aus dieser Verpaarung den Aufdruck »Nicht nach den Bestimmungen des PSK gezüchtet«. Der VDH hat die strengste Zuchtordnung der Welt. Daher überprüfen die Zuchtwarte peinlich genau die hohen Anforderungen an die Zuchttiere und die Züchter.

### TIP

*Anläßlich Ihres vorletzten Besuches haben Sie dem Züchter ein ungewaschenes, getragenes Unterhemd und/oder ein Paar getragene Socken übergeben, um ihren Welpen mit Ihrem Geruch vertraut zu machen. Wenn Sie dann bei der Abholung noch einen Lappen mitnehmen, der nach der Mutterhündin und den Geschwistern riecht, dann haben Sie und der Züchter viel dazu beigetragen, den Trennungsschmerz für den Kleinen erträglicher zu gestalten.*

Einige wenige Wochen nach der Übernahme des Welpen erhalten Sie dann vom Züchter die Ahnentafel Ihres Riesenschnauzers. Dieses Dokument gehört zum Hund und darf Ihnen keinesfalls gesondert berechnet werden. Aber noch immer sind Sie mit Ihrem entwurmten und grundimmunisierten, mit »Internationalem Impfpaß« versehenen Hund nicht auf dem Nachhauseweg, auch wenn Sie bereits auf notwendige Nachimpfungen aufmerksam gemacht wurden.

### ▶ Die Übernahme vorbereiten

Den vorbildlichen Züchter zeichnet es aus, wenn er sich nicht nur alle erdenkliche Mühe mit der Aufzucht des Wurfes gemacht, sondern auch Vorkehrungen getroffen hat, um den Umzug des Welpen in sein neues Heim so reibungslos wie möglich zu gestalten. Auf des Züchters Ratschlag hin haben Sie ausfindig gemacht, wo Sie das Futter der Marke erhalten können, mit dem der Wurf hauptsächlich großgezogen wurde.

Bei Übernahme Ihres Lieblings bekommen Sie eine genaue Anleitung zu Häufigkeit und Art der Fütterung. Und weil abrupter Futterwechsel zu schweren Verdauungsproblemen führen kann, nehmen Sie sowieso für die ersten Tage die Nahrung für Ihr Riesenschnauzerbaby vom Züchter mit.

Der vorausschauende Züchter hat den etwa sechs Wochen alten Nachwuchs bereits an das Tragen eines Halsbandes gewöhnt, indem er ihm z.B. farblich unterschiedliche, weiche Stoffbänder umlegte, was gleichzeitig auch die sofortige Identifikation und leichtere Beobachtung jedes einzelnen Tieres während der sich ständig verändernden Spiel- und Balgphasen ermöglichte.

Nicht nur aus der Sicht der Pflege und Hygiene ist es ratsam, daß der sieben- bis achtwöchige Welpe täglich auf den Tisch gestellt und gekämmt und gebürstet wird. Anschließend wird mit der laufenden, aber ohne Scherkopf bestückten Schermaschine über den Kopf, die Läufe und den Körper des kleinen Hundes gefahren. So wird er frühzeitig und problemlos an all das gewöhnt, was zur später notwendigen Pflege- und Trimmprozedur gehört (Ziepen, Geräusche, Vibrieren der Maschine usw.).

**SICHERHEIT IM HAUS ▶** Gefahrenstellen wie steile Treppen sollten mit Kindergittern oder Brettern gesichert werden. Auf dem Boden liegende oder stehende Gegenstände wie Vasen, Porzellan- oder Glasfiguren, erreichbare Zimmerpflanzen, von denen einige giftig sind, müssen außer Reichweite gebracht und tief sitzende Steckdosen welpensicher gemacht werden. Ratsam ist auch, den geerbten wertvollen Orientteppich bis zum Abschluß der Zahnung des neuen Hausgenossen vorübergehend auf dem Dachboden aufzubewahren. Um ernste Gefahren für den Hund und Schaden für den Menschen durch unerwünschtes Knabbern und Kauen an Kabeln (Stehlampen- oder Fernsehzuleitungen usw.) sowie Nagen an den Beinen Ihres antiken Schreibtischsessels von Anfang an zu vermeiden, reiben Sie diese Dinge mit einer zwar scheußlich schmeckenden, aber unschädlichen »Bitter Apple Tinktur« oder mit dem gegen Daumenlutschen und Nägelbeißen bei Menschen verwendeten »Daumexol« ein.

Machen Sie auch den Garten welpensicher! Pflanzen wie Maiglöckchen, Efeu, Goldregen oder der aus südlichen Ländern mitgebrachte, wunderbar blühende Oleander sind hochgiftig, und man muß allemal damit rechnen, daß es nichts gibt, was ein aufgeweckter, neugieriger kleiner Riesenschnauzer nicht in den Fang nimmt, um darauf herumzukauen.

Nebenbei bemerkt: auch vor den noch so mühsam angelegten und wunderbar gestalteten Gemüse-, Blumen- und Staudenrabatten macht der kleine Bengel sowieso keinen Halt, genauso wie Sie sicher sein können, daß er das noch so kleine Schlupfloch im Zaun entdeckt.

Ballspiele fördern nicht nur den Beutetrieb, sondern festigen auch die Beziehung zwischen Mensch und Hund.

**KLUBMITGLIEDSCHAFT ▶** Selten ist für den Welpenkäufer ersichtlich, welchen Aufwand ein Hundezüchter in Zusammenarbeit mit seiner Familie rund um die Uhr betreibt. Weil er möchte, daß Ihr Neuerwerb auf allen Gebieten optimal gefördert wird, schlägt er Ihnen vermutlich vor, Mitglied im Rassezuchtverein zu werden. Aus der regelmäßig erscheinenden Klubzeitung können Sie Informationen über Ausstellungs- und Körtermine, über Ausbildungs-, Hundesport- und Zuchtfragen entnehmen, die Sie dann mit den Pinscher- und Schnauzerfreunden Ihrer Ortsgruppe in hof-

**Der erste Ausflug in die große weite Welt**

Kauf eines Fernsehers oder einer Tafel Schokolade. Alle Bedingungen des Kaufs, die für die Vertragspartner von wesentlicher Bedeutung sind, sollten stets schriftlich festgelegt werden. Entscheidend ist, daß aus dem Vertrag unmißverständlich hervorgeht, was der Züchter dem Käufer zusichert und welche Verpflichtungen der Käufer seinerseits einzugehen bereit ist.

Nur ein paar Bemerkungen zur Gewährleistung bei der Abgabe von Riesenschnauzern: Liegen zum Zeitpunkt der Übergabe Mängel des Hundes vor, hat der Käufer Anspruch auf Minderung des Kaufpreises oder wahlweise Rückgängigmachung des Kaufvertrages. Bei Fehlen von zugesicherten Eigenschaften oder arglistigem Verschweigen von Mängeln besteht die weitere Möglichkeit, Schadenersatz geltend zu machen. Vorsicht, bei arglistiger Täuschung verjähren die Ansprüche erst nach 30 Jahren, in allen anderen Fällen nach 6 Monaten ab Übergabe des Hundes.

fentlich gemütlicher Atmosphäre erörtern. Wenn Sie gar Ihren Hund zur Jüngsten- und Jugendbeurteilung vorstellen und ihn im Alter von mindestens einem Jahr auf Hüftgelenksdysplasie röntgen lassen, tun Sie sowohl der Rasse als auch dem Züchter einen großen Gefallen. Er kann so eine kritische Analyse der von ihm gezielt herbeigeführten Verpaarung anhand der Nachkommen vornehmen und womöglich zuchtverbessernde Konsequenzen für sein weiteres züchterisches Vorgehen daraus ziehen.

▶   **Der Kaufvertrag**

Sie kaufen einen Riesenschnauzer, und dafür gelten dieselben Regeln wie beim

> **TIP**
> *Einen allgemein formulierten Musterkaufvertrag (S. 117) können Sie beim VDH anfordern (Adresse im Anhang).*

▶   **Der Heimweg**

Erfreut und erleichtert halten Sie nun endlich Ihren munteren und gesunden Welpen auf dem Arm, um mit ihm die Heimreise anzutreten. Für ihn allerdings endet mit seiner Trennung von den Geschwistern, der Mutter und dem Züchter in dieser Sekunde ein fundamental wichtiger Lebensabschnitt. Sie übernehmen die Verantwortung für

Ihren neuen Hausgenossen, der eine Menge ernstzunehmender Ansprüche an Sie stellt.

Damit ihm während der Autofahrt nicht übel wird, haben Sie den Welpen nüchtern übernommen. Wegen der langen Reise haben Sie ein paar trockene Hundekuchen zum Knabbern besorgt und frisches Wasser und einen Napf dabei.

Aus der vertrauten Umgebung herausgerissen und gewaltigen neuen Eindrücken ausgesetzt, sucht der Welpe jetzt geradezu Hilfe, Schutz und Geborgenheit. Jene Person, die mit dem Welpen, dem Hundekorb, einer Decke und Papierhandtüchern auf der Rückbank sitzend, den Heimweg antritt, sollte die Gunst der Stunde nutzen und das wahrscheinlich etwas verängstigt und verschüchtert reagierende Hundebaby beruhigen und beschwichtigen, es streicheln und mit ihm spielen. Damit haben Sie ganz wichtige, positive Beziehungen und Kontakte zu dem neuen Hausgenossen zumindest angebahnt und erste Weichen dafür gestellt, daß Sie in Ihrem Riesenschnauzer in den kommenden Jahren einen guten Begleiter, einen fröhlichen Spielkameraden und einen treuen Freund haben werden.

**TIP**

*Weil der Neuankömmling genug mit der Verarbeitung der auf ihn einstürzenden unzähligen Eindrücke ausgelastet ist und weil sie möchten, daß er sich zunächst ausschließlich auf Sie und Ihre Familie konzentriert, haben Sie neugierige Freunde und Nachbarn auf später vertröstet.*

### ▶ Ankunft zu Hause

Zu Hause angekommen, führen Sie den kleinen Freund gleich in den Garten oder auf die Wiese nebenan, damit er sich lösen kann. Sparen Sie nicht mit Lob und Streicheleinheiten, wenn es auf Anhieb geklappt hat. Danach erst geht es ins Haus.

### ▶ Die ersten Tage und Nächte

Denken Sie daran, daß das Hundebaby sich erstmalig in dieser neuen, fremden Umgebung befindet und gleichzeitig mit dem Trennungsschmerz fertig werden muß. Jetzt liegt es ganz besonders an Ihnen, es zu ermutigen, seine Umgebung zu erkunden und kennenzulernen, indem Sie ihm viel Verständnis entgegenbringen und liebevolle Zuwendung schenken. Ständiger Lärm, viele unbekannte und kreischende und tobende Kinder können es verängstigen. Strafen Sie es nicht, und schreien Sie es nicht böse an, wenn es etwas umgeworfen oder sich gar vergessen hat.

**ERLERNEN DES NAMENS ▶** Vermutlich haben Sie für Ihren neuen Hausgenossen genau den richtigen Namen gefunden, und nur den sollten Sie von der ersten Minute an konsequent anwenden. Denn um so schneller und leichter versteht er ihn und reagiert darauf.

Um schnell die ganze Aufmerksamkeit des Kleinen zu gewinnen, rufen Sie seinen Namen mit freundlicher und lobender Stimme. Nennen Sie ihn beim Namen, während er das Spiel mit Ihnen genießt oder wenn Sie sich zu ihm hinunterbeugen, um ihn zu streicheln.

Eine sehr günstige und effektive Situation im Zusammenhang mit der Namenserlernung ergibt sich auch durch die Ausnutzung seines gesunden Freß-

Erste Stehübungen
– für einen vier
Monate alten
Rüden schon sehr
beeindruckend

triebes, indem Sie ihn immer dann, wenn Sie den gefüllten Futternapf hinstellen, fröhlich beim Namen rufen.

Von Anfang an sollte auch großer Wert auf den Ausbau der »non-verbalen Kommunikation« mit dem Kleinen gelegt werden, indem Sie Blickkontakt mit ihm aufnehmen. Schaut er nach Nennung seines Namens auf, sprechen Sie sofort freundlich auf ihn ein und versuchen, seine Aufmerksamkeit so lange wie möglich auf Ihre Augen zu richten. Bald sucht der Welpe den Blickkontakt mit Ihnen und lernt so sehr schnell, daß der freudige Blick für Lob und der ernste, strenge Blick für Tadel steht.

**HALSBAND UND LEINE ▶** Eingangs sei gleich vermerkt, daß erste Erfahrungen mit Halsband und Leine eine Art grundlegende Weichenstellung für die spätere erfolgreiche Ausbildung darstellen. Um es vorweg zu nehmen: Springt der Hund in dem Moment, wo Sie die

Leine in der Hand halten, freudig an Ihnen hoch oder läuft er schnurstracks und schwanzwedelnd zur Haustür, dann haben Sie alles richtig gemacht.

Also gehen wir behutsam vor, indem wir dem Schützling ein passend anliegendes weiches Halsband umlegen, das er so lange ständig trägt, bis es ihn überhaupt nicht mehr stört. Anschließend wird eine bis zum Boden reichende, leichte Leine daran befestigt, die der Kleine einige Tage mit sich herumträgt. So ganz nebenbei erfaßt man dann während des Spielens die Leine und zieht sie hoch, ohne daß dabei gleich ein wildes Tauziehen entsteht. Durch fröhliches und freudiges Einreden auf den Welpen veranlassen Sie ihn, neben Ihnen an der Leine zu gehen, wobei ihm dies gar nicht so richtig bewußt wird. Prescht er vor oder bleibt zurück, genügt ein wiederholtes kurzes und leichtes Leinenrucken, um ihn zu korrigieren.

**EIN LAGER FÜR DAS RIESENBABY ►** Auf dem Markt gibt es ein schier unerschöpfliches Angebot an Kuschelbetten, Körben, Schlafunterlagen usw. in allen erdenklichen Größen, Farben und Formen, bis hin zu exklusiven Sonderanfertigungen.

Ihren kleinen Riesenschnauzer interessiert weniger das Design oder das Schottenkaro des Korbbezuges, sondern er will es weich und warm haben.

Aber halt! Mit an Sicherheit grenzender Wahrscheinlichkeit wird der Welpe Kissen zerfetzen und Flechtkörbe anknabbern oder gar zerlegen, was heißt, daß Sie sich zunächst für eine provisorische Lösung entscheiden werden. Eine einfache, geräumige Holzkiste, ausgelegt mit einer kochfesten Unterlage und bestückt mit den vom Züchter mitgebrachten Utensilien, stellt sicher eine angemessene Zwischenlösung dar.

---

**TIP**

*Obwohl man auch Argumente dagegen anführen kann, sollten Sie den Korb in der ersten Woche neben Ihr Bett stellen. Wenn dies nicht im Schlafzimmer sein soll oder darf, dann schlagen Sie doch vorübergehend ein Gästebett an dem gewählten Schlafplatz neben dem Hundelager auf. Keine Lobeshymne und kein Leckerbissen können dem alleingelassenen »armen Hund« Ihre Anwesenheit oder gar warme Hand ersetzen.*

Ist der Kleine erst einmal mit dem familiären und häuslichen Umfeld etwas vertrauter und hat er sein Hundebett nicht nur akzeptiert, sondern fühlt sich in ihm geborgen, dann können Sie an die Rückkehr in Ihr Schlafzimmer denken und den kleinen Freund an seinem für ihn bestimmten Platz in Ihrer Nähe die Nacht verbringen lassen.

Jeder Hund braucht sein eigenes zugfreies, warmes Eckchen, von wo aus er seine Umgebung beobachten kann. Dort kann er sich ausruhen und schlafen, dort fühlt er sich sicher und beschützt. Dieses Plätzchen muß von allen respektiert werden, auch von den Kindern! Hat er etwas falsch gemacht, so darf er niemals dorthin verbannt werden, denn dies würde bewirken, daß er darin nicht eine gemütliche Zuflucht, sondern eine Art »Straflager« sähe.

Endgültig geschafft haben Sie es, wenn der Kleine sich dorthin entspannt zum Dösen und Ruhen zurückzieht und sich ohne Wimmern oder Protest für die Nacht einrollt.

► **Stubenreinheit**

Mit der Erziehung zur Stubenreinheit haben Sie bereits bei der Ankunft begonnen, indem der Welpe vor dem Betreten des Hauses sein Geschäft im Garten erledigte. Weitere erste wichtige Schritte sind ein regelmäßiger Fütterungsrhythmus und häufige Spaziergänge, was bewirkt, daß füttern und Sich-lösen-müssen/sollen zur Routine werden.

Sitzt oder steht der Welpe winselnd an der Tür, läuft er gar im Kreis herum oder schaut er Sie mit leicht verängstigtem, hilfesuchenden Ausdruck an, dann wird es höchste Zeit, mit ihm Gassi zu gehen. Nehmen Sie ihn auf den Arm und bringen Sie ihn zu seinem Löseplatz. Haben Sie Erfolg, muß ausgiebig und tüchtig gelobt werden. Es wird nicht lange dauern und das Hundebaby verbindet »Gassigehen« und Sich-drau-

»Wo war denn nur
mein Löseplatz?
Aha, hier darf ich
nun endlich!«

ßen-lösen mit etwas Angenehmen, mit Streicheleinheiten und Lob.

Dennoch, Unfälle passieren immer mal im Hause. Haben Sie Glück und Sie ertappen den Welpen auf frischer Tat, dann schimpfen Sie deutlich mit ihm und führen Sie ihn sofort nach draußen auf den Löseplatz zur Beendigung seines Geschäfts. Tut er dies, wird unmittelbar tüchtig gelobt.

Anders müssen Sie sich verhalten, wenn Sie das Malheur erst später entdecken. Es würde sich schädlich auf die Entwicklung des gegenseitigen Vertrauensverhältnisses auswirken, wenn Sie den kleinen »Missetäter« zornig anschreien, schlagen oder gar seine Nase gewaltsam in das Häufchen drücken. Er kann Ursache und Wirkung gar nicht mehr miteinander in Verbindung bringen und wird Ihr Verhalten als ausgesprochen ungerecht und unverständlich empfinden. Zeigt er sich anschließend schuldbewußt, dann bestimmt nicht deswegen, weil ihm seine »Untat« leid

tut, sondern weil er durch Ihren massiven Tadel einfach verunsichert und stark verängstigt ist.

Ihre Selbstbeherrschung ist also gefragt! Entfernen Sie die Sache ohne Murren. Zum Aufputzen gibt es wirkungsvolle Geruchstilger und Reinigungsmittel, aber auch Essigwasser bindet den Geruch. Wenn Sie die Duftmarke nicht gänzlich entfernen, bedeutet dies geradezu eine Aufforderung, an den »Tatort« zurückzukehren, um rückfällig zu werden.

### ▶ Die Prägungsphase
Längst ist klar, daß Sie als Hundehalter die Verantwortung für ein lebendes Wesen übernahmen, das sich vom tapsigen, niedlichen Hundebaby zu einem Riesenschnauzer mit ernstzunehmenden Ansprüchen entwickelt.

Im Zusammenhang mit der Erziehung des Hundes hat der Züchter bereits eine später nie mehr wettzumachende Verantwortung übernommen.

Etwa im Alter von vier Wochen beginnt für den kleinen Riesen die wichtige »Prägephase«, wie man es in der Verhaltensforschung bezeichnet. Jetzt wird alles aufmerksam und intensiv wahrgenommen, alles wird beschnuppert und untersucht, alles prägt sich ein, und zugleich wird der Welpe von diesen gemachten Erfahrungen und der Umwelt selbst geprägt. Bezeichnend für diese Phase ist die für alles offene, vorbehaltlose Neugier, die mit einem extremen Lerntrieb gepaart ist.

Jetzt kommt es ganz entscheidend darauf an, daß man dem kleinen Racker eine Fülle von art- und rassegemäßen Lernsituationen bietet, die ihrerseits als unabdingbare Voraussetzungen für weiteres Lernen und damit für die Entwicklung eines sicheren Verhaltens gesehen werden müssen.

Die Verhaltensforschung belegt ferner, daß der junge Hund im Verlauf der ersten zwölf bis vierzehn Wochen eine Spanne höchster Lernfähigkeit durchlebt. Sein ererbtes Verhaltensprogramm ist offen, was bedeutet, daß er in dieser »sensiblen Phase« (Weidt) unvoreingenommen bereit ist, sich reibungslos an die vorgefundene Umwelt anzupassen.

**SPIEL: SCHULE FÜRS LEBEN** ▶  Der komplexe Begriff »Wesen« erschöpft sich längst nicht nur in Erbfaktoren, denn gerade das soziale Umfeld, in dem sich der Welpe bewegt und seine Erfahrungen sammelt, bestimmt seine Verhaltensentwicklung entscheidend mit. Was der junge Hund in den prägenden Phasen von der 4. bis etwa 16. Lebenswoche nicht lernt, lernt er später nur schwer oder gar nicht.

Gerade jetzt ist die Zeit, viel mit ihm zu spielen und ihm so seine fehlenden

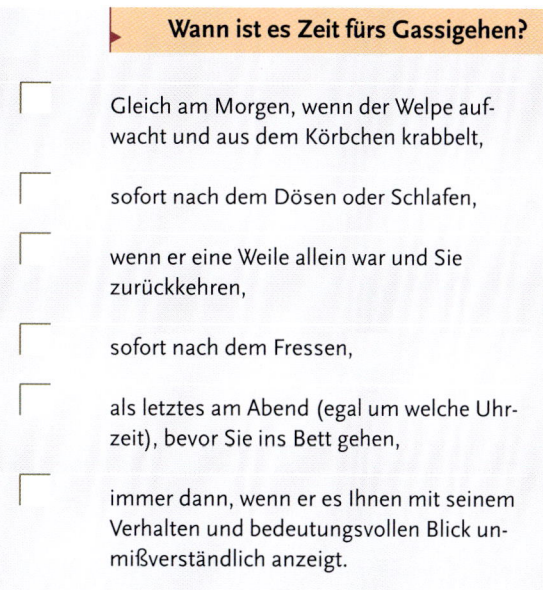

**Wann ist es Zeit fürs Gassigehen?**

Gleich am Morgen, wenn der Welpe aufwacht und aus dem Körbchen krabbelt,

sofort nach dem Dösen oder Schlafen,

wenn er eine Weile allein war und Sie zurückkehren,

sofort nach dem Fressen,

als letztes am Abend (egal um welche Uhrzeit), bevor Sie ins Bett gehen,

immer dann, wenn er es Ihnen mit seinem Verhalten und bedeutungsvollen Blick unmißverständlich anzeigt.

Geschwister zu ersetzen, denn mit denen würde er seine körperlichen und charakterlichen Fähigkeiten in Form von Kampf- und Fangspielen und Streit um die Beute trainieren und ausbauen. Nicht selten sind Mängel im Wesen und Verhalten die Folge einer reizlosen, erlebnisarmen Umwelt oder das Ergebnis versäumter Prägung auf den Menschen. Bedenken Sie im Umgang mit dem Hund immer, daß bestätigter Erfolg eine enorme Motivation darstellt, die schier grenzenlose Neugier zu befriedigen und sich weiterhin auf bisher noch unbekannten Pfaden unter Schutz und spielerischer Anleitung seines zuverlässigen »Meutekumpans« zu versuchen.

**DER BOSS SIND SIE!** ▶  Der Hund muß auch seine Grenzen kennen. Unerwünschte Verhaltensweisen, schlechte Gewohnheiten, die man vom ach so niedlichen Welpen zu dulden bereit ist, wachsen sich unweigerlich zu Unarten aus, die später nur ganz schwer – und wenn überhaupt, nur unter Anwendung von viel Druck – auszurotten sind. Es ist einfach phänomenal, welches Beharrungsvermögen der Hund an den Tag legen kann, wenn es darum geht, immer wieder zu versuchen, mit einer Unart durchzukommen. Daher muß zum frühestmöglichen Zeitpunkt klar demonstriert werden, daß bestimmte Dinge für ihn einfach tabu sind und sein ganzes Hundeleben lang strikt verboten bleiben.

So schwierig auch manches vorher aufgestellte Prinzip beim so liebenswerten und drolligen Welpen durchzuhalten sein mag, für ein später möglichst konfliktfreies Zusammenleben kommt man um die Notwendigkeit, konsequent zu sein, nicht herum.

Amüsieren Sie sich über den Kleinen, wenn er die Orientbrücke durch das Wohnzimmer zieht und dabei über den Teppich und die eigenen Füße stolpert, dann wird er es das nächstemal noch eifriger tun, weil er das Lachen als Bestätigung und Aufforderung sieht. Bald wird der Tag kommen, wo dann der Teppich, mit Lochmustern versehen, reif für den Sperrmüll ist – und spätestens jetzt vergeht Ihnen das Lachen. Daraus bleibt nur ein Schluß zu ziehen: Keine Sonderrechte für das Hundebaby und den Junghund! Nichts ist für den lebhaften Welpen freigegeben, was nicht auch dem erwachsenen Riesenschnauzer erlaubt sein würde! Spieleifer und Übermut dürfen nicht so weit gehen, daß er z.B. in Ihre Waden so fest wie in ein Stück Holz beißt. Sehr wohl muß man ihn von Anfang an lehren, was erwünscht und erlaubt und was unerwünscht und verboten ist. Die angemessene Belehrung im

obigen Fall ist ein scharfes, deutliches, unangenehmes, von strengem Blick begleitetes »Nein«.

Fest steht, daß man den einen Spielkameraden mit leichter Hand erzieht, für den anderen Filou aber mehr Strenge und mehr Zeit braucht. Generell gilt, daß der Riesenschnauzer für seine Selbständigkeit, Intelligenz, seine guten Nerven und Familienverbundenheit bekannt ist. Unabhängig davon ist jeder Hund so etwas wie ein Unikat, seine Persönlichkeit darf nicht gebrochen, sondern er muß als Partner erzogen werden. Weil Schnauzer nicht selten einen ausgeprägt willensstarken Charakter besitzen, der sich in Dickköpfigkeit und manchmal auch in Sturheit äußern kann, bedarf es in solchen Fällen einer resoluten und konsequenten Erzieherpersönlichkeit.

Der Mensch ist Freund, repräsentiert aber zugleich auch die Autorität, die durch absolute Konsequenz zu demonstrieren und immer wieder zu beweisen ist. Das heißt nicht, daß aus einem lebensfrohen, spielfreudigen kleinen Riesenschnauzer ein untertäniger Duckmäuser gemacht werden soll. Oberste Maxime allen Handelns bleibt das Prinzip, daß das Miteinander sowohl für Mensch als auch für Hund stets Freude machen muß.

Alle Familienmitglieder sind sich längst darüber einig, daß Klarheit und Eindeutigkeit für die erfolgreiche Erziehung des Junghundes unabdingbar sind, alle ziehen an einem Strang! Überzogene Dominanzbestrebungen des Hundes müssen schon im Welpenalter unter Kontrolle gebracht werden – wenn es denn sein muß, dann mit deutlich wirksamen Maßnahmen. Gegen massive Auflehnung oder gar Meuterei wird

sofort eingegriffen! Der Riesenschnauzer zählt, physisch betrachtet, zu den so-
genannten schnellwüchsigen Rassen.
Handeln Sie nicht erst, wenn er Ihnen
im wahrsten Sinne des Wortes über den
Kopf gewachsen ist!

**WELPEN-PRÄGUNGSSPIELTAGE ▶**
Erst viel später auftauchende Probleme
im Verhalten Ihres Riesenschnauzers
mit Hunden sind meist im Zusammenhang mit fehlender oder falscher Prägung auf andere Artgenossen zu sehen.
Dem jungen Hund wurde das Erlernen
des richtigen Umgangs mit Artgenossen einfach zu spät geboten. Es setzte
erst dann ein, als die Phase der größten
und effektivsten Lernbereitschaft schon
vorbei, als das Grundkonzept seines
Verhaltens schon geformt war.

Mit dem Erwerb Ihres Riesenschnauzers riß sein Kontakt zu Alters- und
Artgenossen ab, und entscheidende, bereits angebahnte Entwicklungsabläufe
fanden ihr jähes Ende. So wie für unsere Kleinkinder das Erlernen der Mutter-
sprache als Kommunikationsbasis gilt,
müssen sich auch die Welpen im spie-
lerischen Umgang mit Artgenossen die
»Hunde-Sprache«, die vorwiegend Aus-
drucksverhalten ist, schrittweise aneig-
nen. In diese Sozialisierungsphase fällt
also die lernfähigste Zeit des Welpen.
Ein unerfahrener Hundehalter kann
jetzt die schlimmsten Fehler machen,
sein junger Hund kann fürs Leben ver-
dorben werden.

Welpenspieltage lehren den Junghund, mit Artgenossen artgerecht um-
zugehen. Auf Rudelgenossen wird
Rücksicht genommen, Verbote werden
akzeptiert, unerwünschte Verhaltensweisen wie z.B. Überängstlichkeit sind
jetzt am ehesten korrigierbar.

### Rangordnung klarstellen

Füttern Sie den Hund erst, wenn Sie mit
dem Essen fertig sind.

Gehen Sie zuerst durch die Tür.

Beenden Sie eine Spielrunde, bevor er keine Lust mehr hat.

Lassen Sie ihn niemals auf Sessel oder
Sofa.

Stellen Sie Futter oder Spielzeug zwischen-
durch weg.

Welche zentrale Rolle diese Dinge im
Gesamtverhalten des Hundes spielen,
behandeln Weidt/Berlowitz sehr ein-
drucksvoll und überzeugend in dem
Buch »Spielend vom Welpen zum
Hund«. Mit ihrem Konzept der Prä-
gungsspieltage werden etwa gleichaltri-
ge Welpen von vergleichbarer Konstitution zu diesem entwicklungspsychologisch idealen und lerneffektiven Zeitpunkt zusammengeführt. Um den Welpen in einer natürlichen, sozialen und
zivilisatorisch angemessenen Umwelt
lernen zu lassen, arrangieren welpener-
fahrene Spielleiter verschiedene Situationen – etwa durch Bereitstellung eines
abwechslungsreichen Abenteuerspiel-
platzes –, damit die Angst des Welpen
vor Unbekanntem in der Gruppe und
im lustbetonten Spiel leicht bewältigt
und Selbstvertrauen für das ganze
Hundeleben gefördert werden.

### ▶ Entwicklung und Reifung
Wie bereits kurz erwähnt, durchläuft
unser Riesenschnauzer in den ersten

## Die Entwicklungsphasen des Hundes

1   Vorgeburtsstadium

2   Neugeborenenperiode und Übergangsphase
    (bis etwa Ende 3. Woche)

3   Prägungsphase, Beginn der ersten Sozialisie-
    rungsperiode (ca. 4. bis 7. Woche)

4   Sozialisierungsphase (ca. 7. bis 12. Woche)

5   Jugendstufe und Rangordnungsphase
    (ca. 12. bis 16. Woche)

6   Vorpubertät, Rudelordnungsphase
    (ca. 4. bis 7. Monat)

7   Pubertät (ca. 7. bis 12. Monat)

Wochen und Monaten entscheidende Phasen, die sein weiteres Dasein formen und prägen. Dennoch, alle Zeitangaben sind nur näherungsweise zu verstehen, denn individuelle und auch rassespezifische Abweichungen sind immer möglich. Wissenschaftliche Erkenntnisse (Ferdinand Brunner, Michael W. Fox, Eberhard Trumler u.a.) vermitteln uns, daß in dem jungen Hund ein Entwicklungsprogramm abläuft, das zu bestimmten Zeiten bestimmte Lernbereitschaften und Lernfähigkeiten besonders begünstigt. Nur wenn wir erkennen, in welcher Entwicklungsphase sich der junge Riesenschnauzer jeweils befindet und auf welche äußeren Einflüsse er gerade jetzt deutlich reagiert, können wir die einzelnen Abschnitte auch gewinnbringend für Mensch und Tier nutzen.

DIE RUDELORDNUNGSPHASE ▶ Bezeichnend für diese Phase der Vorpubertät ist, daß nun im Hunderudel eine erste und ernsthafte Zusammenarbeit mit den erwachsenen Tieren beginnt. In diesem Alter ist daher auch der junge Riesenschnauzer besonders auf die menschliche Nähe angewiesen, denn in seinem Bemühen zur Einordnung ins Rudel ist er stark abhängig von seiner Umgebung und dem sozialen Umfeld. Die deutliche Ein- und Unterordnungsbereitwilligkeit, diese natürliche Veranlagung, dieses einmalige Angebot, basiert auf dem Bestreben und der Freude des jungen Hundes, anerkanntes Mitglied seines »Rudels« sein zu wollen. Solange daher alles für den Hund lustvoll abläuft, bereitet ihm jegliche Arbeit mit seinem Meuteführer viel Spaß.

Da unser Riesenschnauzer zu den Gebrauchshunderassen zählt, ist diese Zeit gerade im Hinblick auf die Absicht, später Prüfungen mit dem Hund ablegen zu wollen, für eine erste gemeinsame Arbeit äußerst günstig.

PUBERTÄT ▶ All das Gerede von der Unterordnungsbereitschaft in den Vormonaten scheint nun während der Pubertät total vergessen. Unser Riese zeigt sich launenhaft und unausgeglichen, er wirkt körperlich schon kräftig und sucht eine möglichst oben angesiedelte Position in seiner Gemeinschaft (Rudel). Jetzt wird entschieden, wer Herr im Hause ist. Bei sehr selbstbewußten jungen Riesen sind in diesem Entwicklungsabschnitt nicht selten Machtkämpfe angesagt. Alle Machtansprüche des jungen Flegels müssen sofort und konsequent abgewehrt werden. Greifen Sie energisch ein, zumal nun ein für allemal die Hierarchie im Rudel festgelegt wird.

Nur wenn der junge Riesenschnauzer
bereit ist, sich der anerkannten Autorität
unterzuordnen und den ihm zugewiese-
nen Platz einzunehmen, wird er ein sicheres und zuverlässiges Familienmitglied werden. Mit Abschluß der Pubertät im Alter von etwa zwölf Monaten
sind nun Verhaltensweisen wie z.B.
Wachsamkeit, angemessenes Mißtrauen gegenüber Fremden, Verteidi-
gungsbereitschaft und Revieranspruch
deutlich beobachtbar. Aber aufgepaßt!
Eventuell kommt es zu einem Wieder-
aufleben eines halbstarken, aufmüpfi-
gen, rowdyhaften Verhaltens, das gar in
Gehorsamsverweigerung und Auflehnung gegen seinen Herrn gipfeln kann.
Auch hier gilt die pädagogische Maxime: Wehret den Anfängen!

**GESCHLECHTSREIFE UND ERWACHSE-
NENPHASE** ▶ Beim erwachsenen
Hund zeigt sich nun, inwieweit all die
früher investierte, spielerisch lustbeton-
te, aber auch ernste Erziehungsarbeit erfolgreich war. Ohne selbst Schaden zu
nehmen, hat der Riesenschnauzer als
Junghund inzwischen gelernt, die Autorität des Menschen zu akzeptieren, eine
Autorität, die weder auf Willkür noch
auf gewaltsamer Unterordnung beruht,
sondern das Ergebnis gewachsenen
Vertrauens in die verläßlichen und zugleich schützenden Führungsqualitäten
des Zweibeiners darstellt. Jetzt, im Alter
von ca. zwölf Monaten, ist die Zeit gekommen, vieles, was bereits spielerisch
vorbereitet und angebahnt wurde, durch
konsequente Ausbildung im Verein zu
festigen und auszubauen.

**DIE »REIFE«** ▶ In diesem Zusammenhang muß ausdrücklich darauf hingewiesen werden, daß es ein Irrtum ist,

Ball-Fangspiele mit
dem Hund sind die
beste Vorausset-
zung dafür, daß er
schnell am »Fly-
ball« Gefallen fin-
det.

anzunehmen, daß der Riesenschnauzer
nach Erreichen der Geschlechtsreife bereits voll entwickelt sei. Viele für diese
Rasse typische Verhaltensweisen reifen
erst zwischen dem ersten und zweiten
Lebensjahr und manchmal sogar noch
später endgültig aus.

**BEGINN DES ALTERNS** ▶ Neben der
Geburt und der anschließenden Entfaltung des Lebens müssen wir auch stets
dessen Rückbildung und Abbau als natürlichen biologischen Prozeß in unsere
Überlegungen mit einbeziehen. Wann
diese Phase genau beginnt, ist eigent-

lich nicht feststellbar. Wie alt wird ein Riesenschnauzer? Wann ist er alt? Diese Fragen, schnell gestellt, sind schwierig zu beantworten, denn: wann ein Hund wirklich alt ist, hängt nicht nur vom in Jahren meßbaren Lebensalter, sondern auch von seinem Verhalten, Temperament und seinem körperlichen Zustand ab. Generell gilt, daß der Alterungsprozeß nicht so früh einsetzt, wie die meisten Besitzer meinen, und er spielt sich auch nicht so rasend schnell ab. Haben Sie das Gefühl, daß Ihr Riesenschnauzer plötzlich alt wird, können Sie ziemlich sicher sein, daß der Grund nicht einfach sein Alter ist. Der Hund verändert sich, weil er krank ist. Unsere Erfahrung ist, daß der Käufer eines Riesenschnauzerwelpen keineswegs nur den künftigen Prüfungs- und Ausstellungssieger, sondern – Gott sei Dank! – einen langlebigen und gesunden Hund kaufen möchte. Gesundheit und Langlebigkeit sind übergeordnete Zuchtziele, die von den Verantwortlichen des Pinscher-Schnauzer-Klubs uneingeschränkt verfolgt werden und die ihren deutlichen Niederschlag u. a. sowohl in den Standardformulierungen als auch den Zuchtbestimmungen des Klubs gefunden haben.

Der zwangsläufig alt gewordene Gefährte ist weniger munter und lebhaft, weniger verspielt und unternehmungslustig, er ruht viel und wird langsamer. Seine Sinneswahrnehmungen lassen nach, und mancher bislang zuverlässige Begleiter erscheint nun eigensinnig und eigenbrötlerisch und geht jungen »Machos« aus dem Weg. Zeigen Sie ein wenig Verständnis auch dafür, wenn früher einwandfrei ausgeführte Befehle jetzt scheinbar mißachtet werden oder wenn Freß- und Trinkgewohnheiten

sich ändern und Wetterfühligkeit sich einstellt. Wenn Sie eine mitleidige Seele haben und ihm wegen seines Alters und seiner Anhänglichkeit zusätzlich Appetithäppchen geben, weil er doch so schlecht frißt, taucht bald ein weiteres, von Ihnen provoziertes Zeichen des Alters auf: Ihr Hund wird dick. Und das ist weit mehr als eine ästhetische Frage – es ist ein Problem.

Bei angemessener Pflege, guter genetischer Veranlagung und robuster Konstitution des Riesenschnauzers äußert sich der Beginn seines Alterns in zunächst leichten Unbequemlichkeiten für Herrn und Hund. Aber unser Freund wird unaufhaltsam älter, und so treten immer öfter lokale, kleinere, vorübergehende Störungen auf. In sehr hohem Alter kommt es nicht selten zu Degenerationserscheinungen. Dagegen gibt es kein Mittel, denn Alter ist keine Krankheit und daher auch nicht heilbar. Abschließend bleibt festzuhalten, daß zwischen dem Altern des Menschen und dem des Hundes grundsätzlich keine Unterschiede bestehen.

## ▶ Rechtliche Hinweise

### UNTERWEGS IM STRASSENVERKEHR ▶

Die Straßenverkehrsordnung (StVO) legt fest, daß Hunde im Straßenverkehr nur zugelassen sind, wenn sie von Personen geführt werden, die auch ausreichend auf sie einwirken können. Wenn diese Vorschrift auch die Eignung der Führungsperson voraussetzt, so erlangt sie ihre wesentliche Bedeutung in der Führigkeit und dem Gehorsam des einzelnen Hundes.

Damit ist gemeint, daß z. B. ein hundeerfahrenes zwölfjähriges Kind durchaus eine geeignete Begleitperson eines wohlerzogenen, führigen Riesenschnauzers sein kann, während das gleiche Kind z.B. mit einem unerzogenen, leicht reizbaren und vielleicht gar aggressiven Dackel vermutlich nicht zurechtkommen wird und daher im Sinne dieser Vorschrift als nicht geeignet zu betrachten ist.

Tiere von Kraftfahrzeugen aus zu führen ist verboten, was auch das bloße Freilaufenlassen eines Hundes vor, neben oder nach dem langsam fahrenden Motorfahrzeug (PKW, Motorrad, Mofa) mit einbezieht.

**IM TOLLWUTSPERRGEBIET ▶** Hier muß zunächst unterschieden werden zwischen Haustiertollwut und Wildtollwut. Bei festgestellter Haustiertollwut sind alle Hunde, gleichgültig ob sie schutzgeimpft sind oder nicht, nur angeleint zu führen. Es besteht generell striktes »Freilauf-Verbot«. Im Zusammenhang mit Wildtollwut sind die Vorschriften und Auflagen wesentlich gelockerter. Leinenzwang besteht nur für ungeimpfte Hunde außerhalb geschlossener Ortschaften. In allen übrigen Bereichen dürfen ungeimpfte Hunde und im gesamten Wildtollwutsperrbezirk schutzgeimpfte Hunde frei laufen, vorausgesetzt, sie gehorchen den beaufsichtigenden Personen.

Wichtig: Das Freilaufenlassen von Hunden, wo auch immer, ist nur mit Halsband oder Brustgeschirr, an denen Name und Adresse des Hundebesitzers oder die Steuermarke befestigt sind, zulässig.

**IM JAGDGEBIET ▶** Dies ist nach landesrechtlichen Bestimmungen in einzelnen Bundesländern unterschiedlich geregelt. Im allgemeinen dürfen die Jagdberechtigten »wildernde Hunde«

Engste Kontakte werden im Spiel geknüpft.

und solche, die sich im Jagdgebiet »außerhalb der Einwirkung ihrer Führer« befinden, erschießen.

**HUNDESTEUER ▶** Ein bundeseinheitliches Hundesteuergesetz gibt es seit 1981 nicht mehr. Die Gemeinden und Städte haben jedoch das Recht, eine Hundesteuer zu erheben, wovon durchweg ausgiebig Gebrauch gemacht wird. Als Riesenschnauzerbesitzer sind Sie verpflichtet, Ihren Hund bei der Gemeinde zu melden und die festgelegten Steuern zu entrichten. Erkundigen Sie sich auch genau über weitere

Auflagen und Vorgaben im Zusammenhang mit der Hundehaltung in Ihrer Gemeinde (z. B. Leinenzwang usw.).

Viele Gemeinden gewähren bei bestandener Begleithundeprüfung einen niedrigeren Steuersatz.

**HAFTUNG UND VERSICHERUNG ▶**
Zivilrechtlich spricht man im Zusammenhang mit der Haftung des Hundehalters bei Schadensfällen von einer »Gefährdungshaftung« (vgl. BGB § 833, Satz 1). Das will sagen, daß der Hundehalter grundsätzlich auch dann für den von seinem Hund verursachten Schaden aufkommen muß, wenn ihn als Halter selbst kein vorwerfbares Verschulden trifft. Konkret heißt das z. B.,

daß nur das Anbringen eines Warnschildes an einer für jedermann leicht zugänglichen Gartentür nicht grundsätzlich von der Haftung befreit. Übrigens, es empfiehlt sich nicht, auf dem Warnschild vom »bissigen« Hund zu sprechen, damit könnte Ihnen in einem Rechtsstreit unterstellt und nachteilig ausgelegt werden, daß Sie sich der vom Tier ausgehenden Gefahr bewußt waren.

**TIP**
*Aus den wenigen erwähnten Situationen geht deutlich hervor, daß es unbedingt notwendig ist, eine Hundehalter-Haftpflichtversicherung abzuschließen.*

# Gesunde Ernährung

# Gesunde Ernährung

Neben der sachgerechten Haltung und Pflege des Riesenschnauzers spielt seine Fütterung die wichtigste Rolle bei der Entfaltung aller seiner Anlagen. Längst hat sich herumgesprochen, daß der Hund nicht als Mülleimer für Essensreste der menschlichen Mahlzeiten mißbraucht werden soll. Ebenso ist bekannt, daß unser geliebter Vierbeiner kein reiner Fleischfresser ist. Stammvater aller Hunderassen ist der Wolf, der seine Beute mit Haut und Haaren verschlingt – inklusive Darminhalt, Organen, Knorpeln und Sehnen. Auf diesem Wege sichert er sich alle lebensnotwendigen Nährstoffe: neben Eiweiß und Fett auch pflanzliche Stoffe, Mineralien und Vitamine. Da sich Freßverhalten und Verdauungssystem in der Entwicklungsgeschichte vom Wolf zum Riesenschnauzer nicht grundlegend geändert haben, muß auch das Futter für unseren Hund nach diesem Muster aufgebaut sein. Außer Energie und Eiweiß benötigt der Hund 25 lebensnotwendige Stoffe, in ausreichenden, aber nicht überhöhten Mengen und – besonders wichtig – in einem ausgewogenen Verhältnis zueinander.

Daraus geht hervor, daß man, will man für den Hausgenossen selbst kochen, um das Abwiegen und mühsame Berechnen der einzelnen Zutaten nicht herumkommt. Fest steht: ein ernäh-

rungsphysiologisch wertvolles und ausgewogenes Futter selbst zuzubereiten, das den Anforderungen des jungen Hundes wirklich ganz gerecht wird, ist keine leichte Aufgabe. Schneller und bequemer geht es, wenn man sich dazu entschließt, Fertigfutter zu verabreichen.

### ▶ Langes Wachstum

Bedenken wir die große Bedeutung des Geburtsgewichts für Wachstum und Entwicklung des Riesenschnauzers, dann fällt sofort auf, daß es, gemessen am Verhältnis zu seinem Erwachsenengewicht, besonders gering ist und nicht viel mehr als 1% seines Endgewichts beträgt.

Die Wachstumsrate beim Riesenschnauzer ist daher viel höher als z.B. bei seinem kleinen Verwandten, dem Zwergschnauzer. Etwa zwischen dem 4. und 6. Lebensmonat ist der deutlichste Wachstumsschub feststellbar. Trotz der enormen Gewichtszunahme und seines rasanten Wachstums gilt der Riesenschnauzer keineswegs vor 18 Monaten als körperlich ausgewachsen, während der Zwergschnauzer dies bereits mit acht bis neun Monaten ist. Neben den Erbanlagen spielen auch äußere Faktoren wie Ernährung, Klima, Licht- und Sonneneinwirkung oder Krankheiten eine wichtige Rolle im Zusammenhang

mit dem Wachstum. Halten wir fest: Große Rassen wie der Riesenschnauzer verhundertfachen ihr Gewicht im ersten Lebensjahr. Der Zwergschnauzer verzwanzigfacht es etwa. Für die Praxis ergeben sich allein schon aus diesen natürlichen Differenzen der Wachstumsgeschwindigkeit große Unterschiede in bezug auf den Ernährungsbedarf des wachsenden Hundes.

**SCHNELLES WACHSTUM GEHT AUF DIE KNOCHEN ▶** Die Hundemutter versorgt während der Säugeperiode ihre Welpen mit optimal zusammengesetzter Nahrung, die den Bedürfnissen der Neugeborenen in jeder Hinsicht gerecht wird. Nach dem Absetzen kommt zunächst der Züchter ins Spiel, und anschließend sind Sie an der Reihe, alles zu tun, um durch optimale Fütterung jedweden Schaden von Ihrem Hund abzuwenden, der sich vor allem im

Knochen- und Skelettbereich manifestiert.

Die maximale Wachstumsgeschwindigkeit unseres Riesenschnauzers führt nicht automatisch auch zu seiner optimalen Skelettentwicklung. Zu schnelle Gewichtszunahme durch zu energiereiche Ernährung bewirkt Überlastungsschäden des Skeletts und löst nicht selten Erkrankungen des Knochengerüsts aus. Besonders großwüchsige Rassen weisen häufiger als kleinere Rassen aufgrund einer Über- oder Unterversorgung mit Kalzium und Phosphor Skelettdeformationen auf. Eine beschleunigte Gewichtszunahme verläuft nicht automatisch parallel zur Knochenentwicklung, weder quantitativ noch qualitativ. Ausgangsbasis des Skeletts ist Knorpel, der allmählich zu Knochen umgewandelt wird. Auch wenn die Knochenlänge früher erreicht wird, nimmt der Knochenreifungsprozeß bis

**Durst will gestillt werden.**

zu 24 Monate in Anspruch, zwei Jahre also, während denen intensive Ab-, Auf- und Umbauprozesse im Skelettbereich ablaufen. Fehlen während dieser Zeit die angemessenen Mengen an Kalzium und Phosphor, muß es zu Mineralisationsstörungen kommen, die sich früher oder später am Bewegungsapparat zeigen werden.

Kalziumüberschuß wiederum lagert sich überwiegend in den Knochen ein, was zu einer beschleunigten und daher gestörten Verknöcherung führt, zu Skelettdeformierungen, die Bewegungseinschränkungen bewirken und in den meisten Fällen irreparabel sind.

Die Energieversorgung des wachsenden Hundes ist deshalb von größter Bedeutung, da über sie die Wachstumsgeschwindigkeit gesteuert wird.

Kurzum: die Anforderungen an die Ernährung sind nie so hoch wie während der Welpen- und Jugendzeit. Hier entscheidet sich, ob aus dem Welpen ein gesunder, kräftiger und munterer Hund wird.

**FUTTERZUSÄTZE ▶** Inzwischen gibt es wissenschaftliche Untersuchungen, die eindeutig belegen, daß die Empfehlung vieler Hundezüchter, froh- und schnellwüchsigen Rassen auch bei der

## Wie oft füttern?

| Alter | Mahlzeiten |
|---|---|
| bis 6 Monate | 3 bis 4 pro Tag |
| 7 bis 10 Monate | 3 pro Tag |
| ab 11 Monate | 2 pro Tag |

Verwendung einer vollständigen und korrekt bilanzierten Vollnahrung (Alleinfutter) Vitamin- und Mineralstoffpräparate zuzufüttern, falsch, um nicht zu sagen schädlich ist.

### ▶ Wie oft füttern

Da der Verdauungsapparat großer Rassen relativ klein ist, sollten vor allem dem wachsenden Hund lieber häufiger kleinere Mahlzeiten gereicht werden. Angemessen bis zum 6. Monat sind täglich drei bis vier, vom 6. bis 10. Monat täglich drei Mahlzeiten. Auch für den erwachsenen Riesen ist es empfehlenswert, ihn zweimal täglich zu füttern, denn die Mahlzeiten sollten nicht zu umfangreich sein, um der lebensgefährlichen Magendrehung vorzubeugen (s. S. 63).

### ▶ Der Futterbedarf

Fütterungsempfehlungen sind nur Richtlinien. Der Nahrungsbedarf des Welpen, aber auch des erwachsenen Riesenschnauzers, ist abhängig vom Alter, Temperament, dem Umfeld, der Umgebungstemperatur und den Aktivitäten. Der Energiebedarf eines Individuums wird also von vielen Faktoren bestimmt, von denen die Körpermasse nur eine ist. Weder Welpen noch erwachsene Hunde dürfen übergewichtig sein und träge wirken. Die Rippenkonturen sollten sich leicht abzeichnen und gut tastbar sein. Zeichnen sich die Hüfthöcker deutlich sichtbar ab, ist der Hund unterversorgt. Stärkere Fetteinlagerungen hingegen sind das Ergebnis zu hoher Energiezufuhr.

Etwa um den 6. bis 7. Monat vermindert sich die Wachstumsgeschwindigkeit des Riesenschnauzers, und damit geht auch der hohe Energie-, Eiweiß- und Nährstoffbedarf zurück. Jetzt muß even-

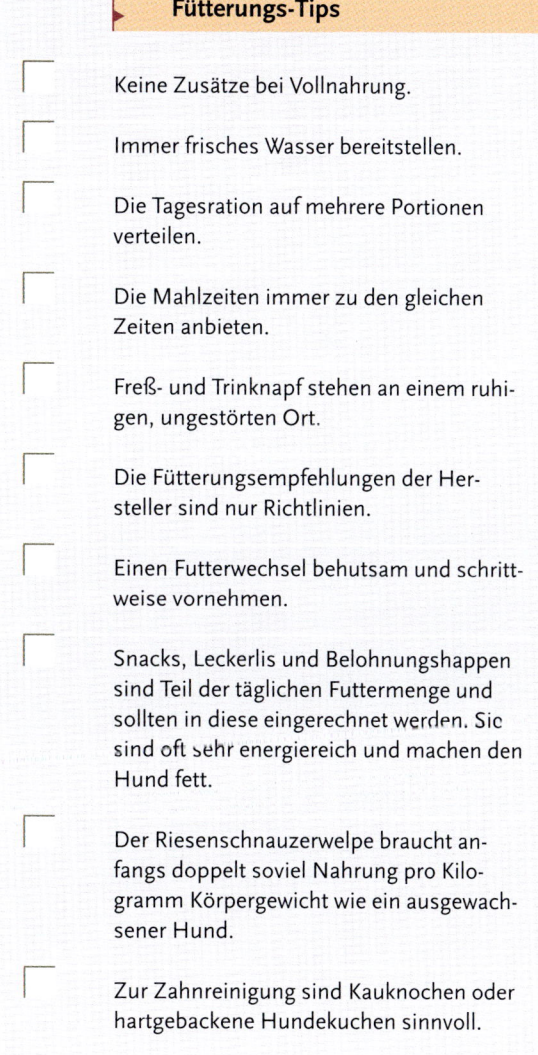

### Fütterungs-Tips

☐ Keine Zusätze bei Vollnahrung.

☐ Immer frisches Wasser bereitstellen.

☐ Die Tagesration auf mehrere Portionen verteilen.

☐ Die Mahlzeiten immer zu den gleichen Zeiten anbieten.

☐ Freß- und Trinknapf stehen an einem ruhigen, ungestörten Ort.

☐ Die Fütterungsempfehlungen der Hersteller sind nur Richtlinien.

☐ Einen Futterwechsel behutsam und schrittweise vornehmen.

☐ Snacks, Leckerlis und Belohnungshappen sind Teil der täglichen Futtermenge und sollten in diese eingerechnet werden. Sie sind oft sehr energiereich und machen den Hund fett.

☐ Der Riesenschnauzerwelpe braucht anfangs doppelt soviel Nahrung pro Kilogramm Körpergewicht wie ein ausgewachsener Hund.

☐ Zur Zahnreinigung sind Kauknochen oder hartgebackene Hundekuchen sinnvoll.

tuell durch Reduzierung der Nahrungsmengen einer unerwünscht hohen Gewichtszunahme vorgebeugt werden.

### ▶ Häufige Ernährungsfehler

**Rohes Fleisch** birgt für den Hund ein nicht zu unterschätzendes Krankheits-

## Tips zum Abnehmen

☐ Ermitteln Sie, wieviel Kalorien er bei Normalgewicht täglich zu sich nehmen dürfte.

☐ Genehmigen Sie ihm nur 60% der ermittelten Futtermenge.

☐ Verteilen Sie die Nahrung auf vier bis sechs kleine Mahlzeiten pro Tag.

☐ Einmal pro Woche wird gewogen und zwar vor der Morgenfütterung und jeweils an einem bestimmten Wochentag.

☐ Frisches Wasser steht immer bereit.

☐ Kalkulieren Sie mehrere Wochen ein.

☐ Ausgiebige Bewegung hilft ebenfalls, damit aus einem Hunde-Pummel wieder ein schlanker, gesunder und aktiver Vierbeiner wird.

risiko. Rohes Schweinefleisch kann z.B. Viren enthalten, welche die meist tödliche Aujeszkysche Krankheit auslösen. Gegen diese sogenannte Pseudowut gibt es noch kein Medikament. Übrigens, diese Viren stellen für den Menschen keine Gefährdung dar.

Heute ist leider jeder dritte Hund übergewichtig, und zunehmend werden Funktionsstörungen der Schilddrüse und der Nebennierenrinde diagnostiziert. Ein **übermäßiges Energieangebot** in Form von für den Hund ungeeigneten Leckereien und Süßigkeiten führt dazu, daß diese überschüssige Energie als Fett eingelagert wird, von dem Schaden am Gebiß ganz zu schweigen.

Auch mit der Verfütterung von **Knochen** tut man dem Vierbeiner keinen Gefallen, denn das Kalzium der Knochen ist für Hunde schwer verdaulich und kann zu schweren Verstopfungen führen (Gipsbälle). Zähne und Gebiß – vor allem junger Hunde – können durch zu harte Knochen Schaden nehmen. Spitz brechende Knochen führen nicht selten zu ernsten Verletzungen von Magen und Darm. Kauknochen aus Büffelhaut oder ungefährliches Kauspielzeug eignen sich viel besser für die Zahnpflege und als Gebißtraining.

**Süßigkeiten**, Kekse, gesalzene Speisen und Reste vom Tisch sind kein geeignetes Futter für unseren Riesenschnauzer.

### ▶  Das Nagebedürfnis

Im Alter von drei bis sechs Monaten haben die Junghunde massiv mit der Zahnung zu tun und entwickeln daher ein großes Bedürfnis, an allen möglichen Gegenständen herumzunagen. Es macht für den jungen Hund keinen Unterschied, ob es sich dabei um Vaters Sonntagsschuhe oder ein wertvolles Möbelstück handelt. Um Schaden und Ärger zu vermeiden, gibt man dem kleinen Hausgenossen sein eigenes Nagespielzeug in Form eines Hartgummiballes oder kräftigen Gummiknochens. Diese Gegenstände werden um so interessanter für den jungen Hund, je öfter und intensiver auch Sie damit spielen. Immer wenn er an etwas Verbotenem zu nagen beginnt, erhält er sofort sein Kau- und Nagespielzeug, und gleichzeitig nehmen Sie ihm mit einem harten »Pfui« den verbotenen Gegenstand weg. Prinzipiell falsch ist, dem Welpen z.B. einen alten Schuh oder Teile eines alten Schuhs zu geben, denn zur Befriedigung seines

Ein pfiffiger Welpe, der sich sein Kauspielzeug »gesichert« hat.

Nagebedürfnisses kann der Welpe bestimmt nicht zwischen alt und neu unterscheiden.

### ▶ Übergewicht

Dicke Hunde sind kranke Hunde: Übergewicht ist bekanntlich die Ursache für viele Krankheiten oder sogar der Grund für den Ausfall wichtiger Körperfunktionen, die zu einem frühen Tod führen können. Das gilt für Menschen wie für Hunde. Etwa nur 5% aller »Hunde-Dickerchen« leiden an hormonellen Störungen, den übrigen Übergewichtigen hilft Abspecken und eine konsequente und gesunde Ernährung.

Insbesondere übergewichtige Menschen neigen dazu, ihre Tiere zu überfüttern. Fettleibigkeit bei Hunden ist die wohl häufigste auf Fehlernährung (Betteln um fette Wurst, Fleisch, Tischreste usw.) zurückzuführende Erkrankung, wenn auch manche ältere Hunde eine Veranlagung zu Übergewicht haben mögen. Ältere Hunde haben spezifische Nährstoffbedürfnisse. Im Verlauf des Alterungsprozesses finden im Körper zahlreiche physiologische Veränderungen statt, und die Organe arbeiten weniger wirksam. Weil sich die meisten Tiere mit zunehmendem Alter weniger bewegen, sinkt auch ihr Energiebedarf, und die Nahrung muß entsprechend angepaßt werden.

### ▶ Fütterungshygiene

Frische, nicht vorschriftsmäßig aufbewahrte Nahrung, wie z.B. rohes Fleisch, kann Viren, Bakterien, Schimmelpilze oder Parasiten enthalten, die die Gesundheit des Hundes gefährden. Zwar können solche Gefahren durch Abkochen teilweise beseitigt werden, zugleich aber

Während des Zahn-
wechsels ist das
Nagebedürfnis
besonders groß.

reduziert sich der Nährwert einer Mahlzeit und besonders ihr Vitamingehalt.

Futter- und Wassernäpfe müssen stets sorgfältig gereinigt werden.

Ist der Napf nach 15 Minuten nicht leer gefressen, wird er weggestellt. Sie als »Rudelführer« bestimmen, wann der Hund etwas zu fressen bekommt. Außerhalb der Fütterungen erhält er nichts. Er frißt nur das, was im Napf ist und was Sie ihm geben. Damit vermeiden Sie von Anfang an, daß er bettelt oder Dinge aufnimmt, die ihm schaden können.

**TIP**

*Die Hundemahlzeiten sollten zimmer- bis lauwarm sein. Sowohl zu kalte als auch zu warme Mahlzeiten sind oft Grund für Nahrungsverweigerung, bewirken aber ebensooft ernsthafte Verdauungsbeschwerden.*

Verwenden Sie Trockenfutter, ist eine saubere und trockene Lagerung, möglichst in luftdicht abschließbaren Tonnen oder Behältern, unabdingbar.

# Richtige Pflege

# Richtige Pflege

Neben der artgerechten Ernährung und der verhaltensgerechten Unterbringung verpflichtet das Tierschutzgesetz den Tierhalter auch zur Pflege seines Hundes, wobei unter »Pflege« im umfassenden Sinne all das zu verstehen ist, was das Tier täglich für sein körperliches, aber auch geistig-seelisches Wohlbefinden benötigt.

### ▶ Fellpflege

Ob klein oder groß, zott-, lang- oder kurzhaarig – regelmäßige Fellpflege ist bei allen Hunden ein Muß. Richtig verstanden und durchgeführt, dient sie nicht nur der Hygiene und Schönheit, sondern hat zugleich große soziale Bedeutung im Hundeleben. Sie stellt auch eine erzieherische Maßnahme dar, die dem Hund auf eher angenehme Art und Weise immer wieder deutlich macht, daß der Mensch sein Rudelführer ist. Der heranwachsende Hund wird lernen, sich am ganzen Körper berühren zu lassen und auch unangenehmere Pflegemaßnahmen geduldig hinzunehmen.

**Bevor es nach dem Auslauf in die Wohnung geht, ist Striegeln angesagt.**

Regelmäßige Fellpflege verleiht dem
Haarkleid nicht nur den gewünschten
Glanz, sie läßt es atmen, fördert den
Haarwuchs, entfernt Ungeziefer, totes
Haar und Schmutz, stimuliert den Blut-
kreislauf, kräftigt die feinen Nerven-
fasern und fördert somit die Gesundheit
ganz allgemein.

   Das Welpenalter ist der ideale Zeitpunkt, um mit der Haarpflege zu beginnen. Stellen Sie das Hundebaby auf einen dafür vorgesehenen stabilen Tisch,
und Sie werden erstaunt sein, wie
schnell es sich durch die Prozeduren im
Zusammenhang mit der Fellpflege auch
an anderweitige Kontrollen und Untersuchungen gewöhnt. Haarpflege, Kör-
perabtasten und Kontrollen werden zur
täglichen Routine.

   Zunächst wird der Hund mit einer
weichen Bürste bearbeitet. Zappeln
und in die Bürste beißen gewöhnen
Sie ihm ab und loben ihn, wenn er still-
hält. Sie haben dann alles richtig gemacht, wenn der Hund von sich aus
auf den Tisch springen will, wenn er
nur die Bürste in Ihrer Hand sieht
oder Sie die Pflegeutensilien bereitle-
gen.

Richtiges Bürsten
ist nicht nur Pflege,
sondern wird auch
als angenehm emp-
funden.

**TIP**

*Damit der Bart unseres Riesen-
schnauzers nicht verklebt, sollte er
nach jeder Mahlzeit gesäubert
und ausgebürstet oder ausge-
kämmt werden.*

Allerdings: Strie-
geln an den Läusen
empfinden die
Hunde sehr oft als
unangenehm.

Lassen Sie sich vom Züchter oder
von erfahrenen Riesenschnauzerbesit-
zern beraten, wenn es um die Anschaffung einer Grundausstattung an
Pflege-Utensilien für Ihren Hund
geht.

**Die Grundausstattung für die Fellpflege eines Riesenschnauzers**

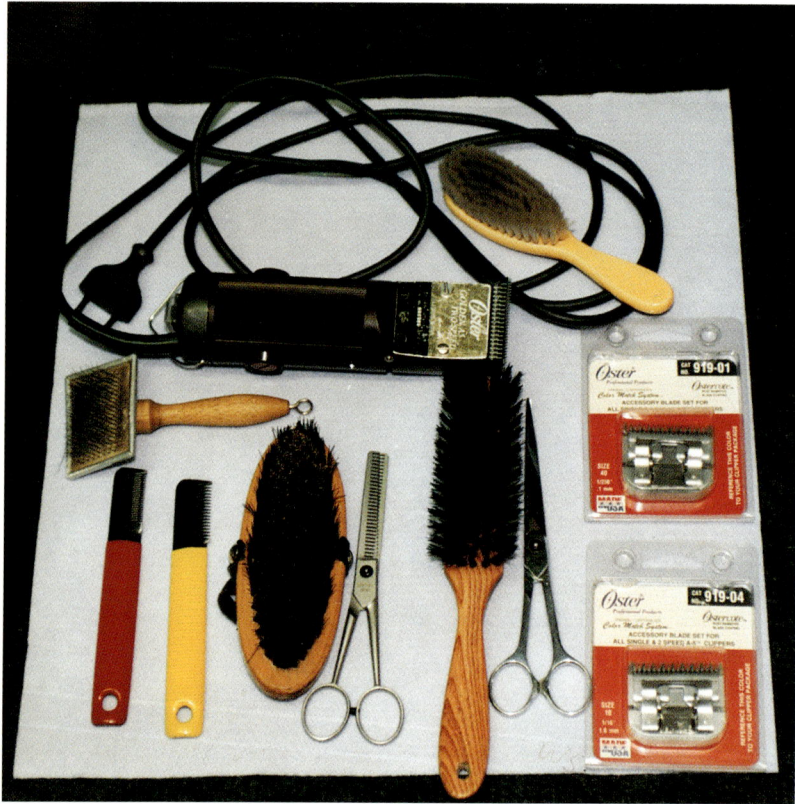

**TRIMMEN ▶** Unser Rauhhaariger wird zusätzlich zum Bürsten getrimmt (Auszupfen der Haare mit Hilfe eines Trimmessers) und entspricht dadurch nicht nur mehr dem Rassetyp, sondern ist auch insgesamt leichter zu pflegen und sauberer in der Wohnung zu halten. Der Trimmtermin ist vom jährlich zweimaligen Zyklus des Haarwechsels abhängig. Dabei erfolgt der erste Wechsel in den Monaten März bis Mai und der zweite in den Monaten September bis November. Somit bleibt das Sommerhaarkleid etwa 6 bis 7 Monate erhalten, während das Winterfell bereits nach 5 bis 6 Monaten abgestoßen wird. Sitzt das Haar noch fest in der Haut, führt das gewaltsame Ausrupfen zu Schmerzen und Hautreizungen und schafft daher zahlreiche Pforten für mögliche Infektionen. Das Trimmen stellt aber, wenn es zur richtigen Zeit vorgenommen wird, lediglich die systematische Entfernung des reifen Haares dar und beschleunigt somit den natürlichen Haarwechsel. Es ist also kein Eingriff in die Natur des Hundes, sondern eine angemessene Pflegemaßnahme.

Neben Haaren mit speziellen Funktionen, wie den Tasthaaren und Augenwimpern, besteht das Haarkleid des Riesenschnauzers vornehmlich aus Deck-

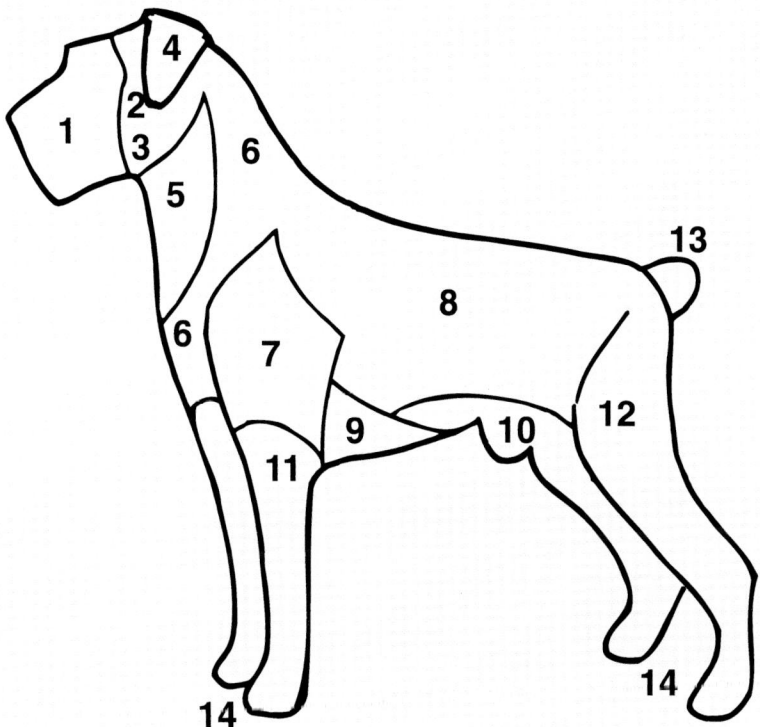

1   Alles Haar, auch das buschige über den
    Augen und unter den Augen, stehenlassen.
    Bart nach oben bürsten, so daß der Kopf
    eine möglichst rechteckige Form erhält.

2, 3 Stirn und Backen kurz halten.

4   Ohren innen, außen und an den Rändern
    kurz halten.

5   Untere Halspartie und Kehle ganz herunter-
    trimmen, auch die weiche Unterwolle mit
    wegnehmen.

6   Hals, Nacken und Brust übertrimmen.

7   Schulter ganz heruntertrimmen, auch wei-
    che Unterwolle wegnehmen.

8   Rücken und Seiten trimmen, eventuell her-
    vorstehende Unterwolle austrimmen.

9, 10 Bauch stark trimmen, das Haar stets kurz
    halten.

11  Vorderläufe: Haar stehen lassen, nur die
    »Fahnen« beschneiden, um gleichmäßige,
    runde »Säulen« zu erzielen.

12  Hinterhand so viel trimmen, daß Muskulatur
    und Sprunggelenke zur Geltung kommen.

13  Rute trimmen.

14  Überflüssiges Haar zwischen den Zehen
    wegnehmen. Zu langes Haar an den Pfoten
    entfernen.

*Wesensstarke Welpen und Junghunde gewöhnen sich sehr schnell an das Geräusch und Vibrieren der Schermaschine.*

## Scheren

Ganz anders als das Trimmen ist die Wirkung des Scherens. Nicht wenige Riesenschnauzerbesitzer behaupten, daß durch das Scheren des ganzen Felles ein härteres und kräftigeres Haar erzielt werden könne. Diese Behauptung ist keineswegs bewiesen, und unsere eigenen Beobachtungen sprechen dagegen. Im Unterschied zum Trimmen stört das Scheren den natürlichen periodischen Haarwechsel, zumal die Kälte auf die Haarbälge wachstumsreizend wirkt, was oft zur Entwicklung üppigerer Unterwolle führt, was wiederum den inneren Rhythmus im Zusammenhang mit dem Haarwechsel aus dem Gleichgewicht bringt.

haar und Unterwolle. Die Struktur des Haares am Kopf, den Läufen und den Weichteilen ist meist feiner, und es wächst dort auch langsamer. Will man den Riesenschnauzer immer in guter Form haben, muß man ihn in Abständen von zwei bis drei Monaten »ausputzen«, um so z.B. die gewünschte schmale Kopfform zu erzielen. Versuchte man nachgewachsene Haare auszurupfen, käme dies einer Tierquälerei nahe, und daher wird unser Riese am unteren Hals,

über den hinteren Bereich der Unterkieferregion bis auf die Höhe der Jochbögen geschoren. Nicht zuletzt aus hygienischen Gründen werden etwa alle vier bis fünf Wochen die Haare an After, Penis und Scheide mit der Schere oder Schermaschine gekürzt.

Besonders viel Erfahrung und genaue Beachtung des Wachstumsrhythmus der Haare in den einzelnen Regionen der Pfeffersalzfarben ist Voraussetzung, um zum gewünschten Zeitpunkt ein möglichst gleichmäßiges Pfeffersalz zu erzielen. Sowohl beim Trimmen als auch beim Scheren wird das Pfeffersalz deutlich aufgehellt, und oft wird dabei die weiche und bräunlich getönte Unterwolle freigelegt. Durch zu kurzfristiges Abscheren der Haare am Ober-

Von klein an daran gewöhnt, genießt er das Trimmen.

kopf wird auch oft die im Standard gewünschte dunkle Maske zerstört, was zugleich den Verlust eines typischen und wichtigen Ausdruckselements bedeutet. Es ist bekannt, daß das alte Pfeffersalz-Haar kräftiger und ausdrucksvoller im Pigment ist als das hellere junge Haar. Anders als beim schwarzen ist es beim pfeffersalzfarbenen Hund unmöglich, ihn etwa zwei Wochen vor einer Ausstellung noch in die gewünschte Ausstellungsform zu bringen.

**BADEN ▶**    Nur wenn es nicht zu umgehen ist, wird der Hund gebadet. Zu häufiges gründliches Waschen greift das Fett im Haarkleid an, läßt es stumpf wirken und macht es wasserdurchlässiger. Wegen der unterschiedlichen chemischen Zusammensetzung eignet sich »Menschenshampoo« nicht für Ihren Riesenschnauzer. Shampoonieren Sie sein Haarkleid mit einem speziellen

> **TIP**
> *Aufgepaßt! Nach dem Baden zeigt Ihr Liebling eine besondere Neigung und einen deutlichen Drang, sich in der nächstliegenden Dreckpfütze zu wälzen. Daher wird er zunächst nur an der Leine ausgeführt.*

Hundeshampoo, spülen Sie es anschließend gründlich aus, und frottieren Sie den Hund kräftig.

## ▶ Zahnpflege

Hunde reinigen ihr Gebiß selbst am besten, wenn sie etwas Festes zu kauen haben (z.B. Kauknochen). Regelmäßige Gebißkontrolle und Inspektion des Zahnfleisches sind ratsam und sollten zudem auch anläßlich des jährlichen Impftermins durch den Tierarzt erfolgen. Fängt man im Welpenalter damit an, so läßt es sich der Hund auch ge-

Perfekter »Scheren-
schluß« eines aus-
gewachsenen Rie-
sen

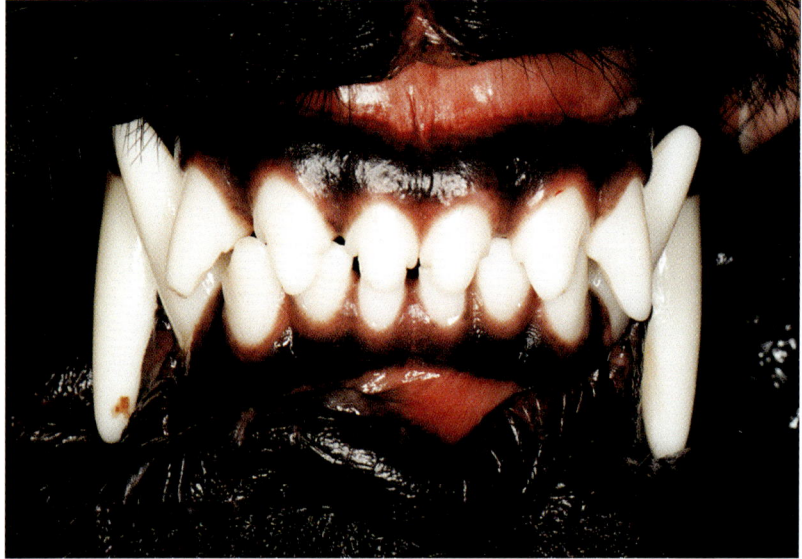

fallen, daß seine Zähne mit einem Pfle-
gemittel gereinigt werden. Bildet sich
Zahnstein, müssen die ersten dünnen,
braunen Beläge entfernt werden, denn
unbehandelter Zahnstein führt unweigerlich zu Zahnfleischentzündungen
und zu schmerzhaftem Zahnausfall.

Überprüfen Sie das Maul auf wunde
Stellen und auf Überreste, die zwischen
den Zähnen klemmen. Besonders blei-
ches Zahnfleisch zeugt von schlechter
Gesundheit.

Sie werden es kaum glauben, auch
ausgedehnte Spaziergänge sind vorteil-
haft für das Gebiß, denn durch die Zun-
gen- und Lefzenbewegungen beim He-
cheln werden die Zähne mechanisch ge-
putzt.

**TIP**

*Gesunde Ohren sind blaßrosa,
sauber und geruchsfrei. Wenn
dem nicht so ist, suchen Sie den
Tierarzt auf!*

## ► Ohrenpflege

Die Ohren des Hundes werden wöchentlich kontrolliert. Rötungen und
Kratzspuren weisen auf Juckreiz hin,
der meist durch eine Entzündung verur-
sacht wird. Ziehen Sie die Ohrmuschel
nach oben außen, um die Mündung des
Gehörganges in die Ohrmuschel zu betrachten. Viel angesammeltes Ohren-
schmalz oder entzündliches Sekret können Sie bereits hier feststellen. Bei jedem Tierarztbesuch lassen Sie auch die
Ohren kontrollieren. Die auf der Innen-
seite stark behaarten Ohrmuscheln werden rund um den Eingang in den Gehörgang geschoren, um so insgesamt
für eine gute Belüftung und ein besse-
res Klima in den Ohren zu sorgen. Die
Haare im Gehörgang müssen ausge-
zupft und dürfen nicht abgeschnitten
werden, denn die nachwachsenden Spit-
zen würden den Gehörgang irritieren.
Um die Ohren zu reinigen, wickeln Sie
ein Papiertaschentuch um den Finger,

ziehen die Ohrmuschel nach oben und außen und reinigen nun die leicht zugänglichen Innenseiten des Ohres von oben in Richtung Gehörgang. Benutzen Sie niemals Wattestäbchen, denn damit laufen Sie Gefahr, mehr Dreck in Form eines Pfropfes in das tiefere Ohrinnere zu schieben, als Schmutz und Sekret herauszuholen. Das Innere des Gehörgangs bleibt unberührt!

▶ ## Augenpflege
Regelmäßig, am besten täglich, muß man die Augen und die Lider betrachten. Die sehr empfindlichen Augenbindehäute reagieren auf Staub, Zugluft, Rauch und Fremdkörper leicht mit Entzündungen. Die Augenwinkel müssen deswegen auch in kurzen Zeitabständen gesäubert werden, damit nicht durch Verkrusten von Sekret an der Haut kahle Stellen entstehen. Ständiges Tränen, sich trübende Hornhaut und gerötete Bindehaut sind Angelegenheiten für den Tierarzt, der eventuell den verstopften Tränenkanal wieder freimacht oder z.B. die den Augapfel schmerzhaft reizenden, nach innen wachsenden Wimpern entfernt.

**TIP**
*Zur Reinhaltung und Vorbeugung streichen Sie mit einem sauberen, mit warmem Wasser angefeuchteten weichen Baumwollbausch vorsichtig um beide Augen.*

▶ ## Krallen und Pfoten
Normalerweise nutzen sich Krallen von selbst ab, aber besonders bei Hunden, die in der Wohnung gehalten werden und die nicht genügend Auslauf haben,

können sie sich nicht angemessen abwetzen. Das Schneiden der Krallen sollten Sie sich von einem Fachmann oder Tierarzt zeigen lassen, denn sonst laufen Sie große Gefahr, ins »Fleisch«, in den empfindlichen, Blutgefäße führenden Bereich zu schneiden. Krallenzangen für Hunde eignen sich für das Schneiden besser als Scheren.

**TIP**
*Besondere Vorsicht ist im Winter wegen salzgestreuter Wege geboten, und daher sollten vorsichtshalber die Pfoten nach der Heimkehr mit lauwarmem Wasser saubergespült werden. Sonst bleibt es nicht aus, daß die Salze ätzend auf die Ballen wirken und schmerzhafte Entzündungen verursachen.*

Es ist ratsam, die Pfoten nach dem Spaziergang zu überprüfen. Leckt Ihr Riesenschnauzer sich gar an einer Pfote oder schont er sie beim Gehen, dann ist sicher etwas nicht in Ordnung. Vorsichtig muß die Pfote auf Schnitte, zwischen den Zehen steckengebliebene Steinchen, Grassamen, Dornen oder andere Fremdkörper, die schwere Entzündungen hervorrufen können, untersucht werden. Ist keine Verletzung sichtbar, dann wird der ganze Lauf vorsichtig abgetastet, denn unser Schnauzer könnte sich eine innere Verletzung zugezogen haben, die dann den Gang zum Tierarzt nötig macht.

Als sinnvolle Vorbeugung schneidet man die langen, weichen Haare zwischen den Ballen mit einer abgerundeten Schere heraus, damit weniger Schmutz haften bleibt.

▶ **Pflege-Kalender**

**tägliche Pflege**

☐ Fell pflegen

☐ Augen pflegen

**wöchentliche Pflege**

☐ Gebiß kontrollieren

☐ Ohren kontrollieren

☐ Krallen und Pfoten kontrollieren, bei Bedarf Krallen kürzen

**Gesundheitsvorsorge**

☐ vierteljährlich entwurmen (S. 60)

☐ jährlich impfen lassen (S. 58)

▶ **Allgemeine Hygiene**

Sauberkeit und Körperpflege sind sowohl für den Menschen als auch für den Hund Garanten für Gesundheit und ein beschwerdefreies, langes Leben. Regelmäßiges Bürsten, seltenes Baden und das Reinigen verschiedener Körperpartien gehören zu den wesentlichen Voraussetzungen der Körperhygiene des Riesenschnauzers.

Dabei handelt es sich um Pflegemaßnahmen, die täglich, wöchentlich oder auch nur monatlich durchgeführt werden müssen.

Nur wenige Tierkrankheiten sind auf den Menschen übertragbar, dennoch sollte immer darauf geachtet werden, daß man sich nach jeder Beschäftigung mit dem Hund gründlich die Hände wäscht.

Um Zoonosen, d.h. die Übertragung von Hundekrankheiten und Parasiten auf den Menschen, zu vermeiden, muß der Hund außerdem stets den vollen Impfschutz gegen die üblichen Hundekrankheiten und die Tollwut besitzen. Zudem muß peinlich darauf geachtet werden, daß er frei von Würmern und anderen Parasiten ist (siehe nächstes Kapitel). Zwinger, Schlaflager, Körbchen, Decken und Futterschüsseln sind selbstverständlich immer sauberzuhalten.

# Rundum gesund

# Rundum gesund

### ▶ Krankheiten erkennen

Verhält sich der Hund anders als üblich, ist er unlustig oder verweigert er gar das Fressen, so können dies deutliche Hinweise auf eine Krankheit sein, besonders dann, wenn das Verhalten länger anhält. Zeigt er Hautunreinheiten oder Absonderungen und Ausflüsse aus Augen, Nase, Penis, Scheide oder After, so ist der Gang zum Tierarzt unvermeidbar. Eigenmächtiges Herumkurieren am Hund über einen mehrtägigen Zeitraum, die unbekümmerte Verabreichung von sogenannten Hausmittelchen oder gar der Einsatz von Medikamenten aus der Humanmedizin können fatale Folgen haben. Was für den Menschen heilend ist, kann für den Hund tödlich sein.

Wegen erhöhter Anfälligkeit für Nierenerkrankungen älterer Hunde sollte deren Urin jährlich untersucht werden.

Stumpfes Fell, Teilnahmslosigkeit und mangelnder Bewegungsdrang, Appetitverlust, rapide Gewichtsab- oder -zunahme, übermäßig großer Durst, zu häufiges oder zu seltenes Urinieren, mehrfaches Erbrechen, Durchfall mit blutigem oder flüssigem Stuhl – all dies können Anzeichen für manchmal ernste Krankheiten sein.

Sieht der Schnauzer krank aus, messen Sie seine Temperatur. Schmieren Sie das Ende eines Thermometers mit Vase-line ein, und führen Sie etwa ein Drittel davon in das Rektum des Hundes ein, um nach etwa zwei Minuten die Temperatur abzulesen. Die Körpertemperatur des gesunden Hundes beträgt zwischen 38 und 39 °C. Deutliche Abweichungen davon sollten unbedingt dem Tierarzt berichtet werden.

### ▶ Schutzimpfungen

Gegen die meisten schweren ansteckenden Hundekrankheiten gibt es heute erfreulicherweise zuverlässige Impfstoffe. Regelmäßige Schutzimpfungen sind unverzichtbarer Bestandteil der Krankheitsvorbeuge, sie können vor vielen Infektionen bewahren.

Geimpft wird gegen Staupe, Hepatitis (ansteckende Leberentzündung), Leptospirose (Stuttgarter Hundeseuche), Tollwut, Parvovirose und Zwingerhusten (Virushusten). Durch die intensive Reisetätigkeit ist es heute wichtiger denn je, auf vollen Impfschutz zu achten. Ebenso kommen Tiere mit Krankheiten ins Land, mit deren Erregern sich unsere Hunde bislang noch nicht auseinandersetzen und daher auch noch keine natürlichen Abwehrstoffe dagegen ausbilden konnten.

Jede Schutzimpfung aktiviert und trainiert die körpereigene Abwehr, was wiederum der gesamten Widerstandsfähigkeit des Organismus zugute kommt.

**Bild auf der vorherigen Seite: Vom Alter gezeichnet, aber sonst gesund.**

Wuchtig, athle-
tisch, elegant

An anderer Stelle wurde bereits ausge-
führt, daß der Saugwelpe für seine ersten Lebenswochen Immunschutz
durch die Aufnahme der Antikörper aus
der Muttermilch besitzt. Der verantwor-
tungsbewußte Züchter läßt seine Welpen in der 6. Woche gegen die Canine
Parvovirose (Katzenseuche der Hunde)
und ab der 9. Woche gegen Staupe,
Hepatitis, Virushusten und Leptospirose grundimmunisieren. Ab der 12. Wo-

che erfolgt dann die Tollwutimpfung in
Kombination mit der zweiten Grund-
immunisierung.

Damit der Hund nicht gegen jede
Krankheit einzeln geimpft werden muß,
wurden sogenannte Kombinationsimpf-
stoffe entwickelt, die besonders für die
jährliche Wiederholungsimpfung viele
Vorteile aufweisen.

Abweichungen von diesem Ideal-
schema zur optimalen Krankheitsverhü-

## ▶ Impfkalender

| Alter | Impfung |
| --- | --- |
| ab 6 Wochen | Parvoviroseimpfung mit speziellem Welpenimpfstoff und kom-binierte Staupe-Virushusten-Impfung |
| ab 9 Wochen | 5fach-Impfung gegen Staupe, Parvovirose, Hepatitis, Virushusten, Leptospirose |
| ab 12 Wochen | Tollwutimpfung und Wiederholung der 5fach-Impfung |
| jährliche Wiederholung | 8fach-Impfung gegen alle wichtigen Infektionskrankheiten |

tung können sich im Einzelfall ergeben. Ihr Tierarzt berät Sie gerne darüber.

▶ **TIP**
*Planen Sie die Schutzimpfung rechtzeitig vor Antritt einer Reise, und achten Sie darauf, daß Ihr Hund regelmäßig die jährliche Wiederholungsimpfung erhält. Nur dann ist ein dauerhafter Infektionsschutz gewährleistet.*

### ▶ Parasiten und Würmer

Es ist so gut wie nicht zu vermeiden, daß sich Ihr noch so sorgfältig gepflegter Riesenschnauzer irgendwann in seinem Leben Würmer oder Ungeziefer einfängt.

**WÜRMER** ▶ Sowohl für Hunde als auch für Menschen sind Würmer ein immer wiederkehrendes Gesundheits-

### ▶ Infektionen vermeiden

Um Infektionsgefahren für den Menschen durch Würmer zu mindern, sollten Sie die folgenden Grundregeln strikt beachten:

☐ Direkten Kontakt zu streunenden Tieren vermeiden.

☐ Gesicht, Hände und Nahrungsmittel sollten nicht vom Hund beleckt werden.

☐ Nach dem Kontakt mit dem Hund die Hände waschen.

☐ Haustiere regelmäßig entwurmen (erwachsene Vierbeiner werden recht häufig von Bandwürmern befallen).

risiko. Vor allem in der Umgebung von Kindern stellen mit Würmern befallene Vierbeiner ein großes hygienisches und gesundheitsgefährdendes Problem dar.

Welpen sind besonders anfällig für Spulwürmer, hin und wieder kommen aber auch Band-, Peitschen- und Hakenwürmer bei ihnen vor.

Dem erwachsenen Riesenschnauzer sieht man eine Wurminfektion meist überhaupt nicht an, er macht einen normalen Eindruck. Erst bei wirklich massivem Wurmbefall können Abmagerung, glanzloses Fell, verschleimte Augen, reduzierter Allgemeinzustand, aufgeblähter Bauch und Verdauungsstörungen auf innere Parasiten (Endoparasiten) hinweisen.

▶ **TIP**
*Da sich der Hund immer wieder aufs neue mit Würmern infizieren kann, empfehlen Parasitologen, jedes Vierteljahr eine Breitspektrumentwurmung durchzuführen.*

Was ist zu tun, um die Infektionsgefahr für den Hund herabzusetzen? War der Hund im Ausland, dann sollte er sofort nach dem Urlaub entwurmt werden! Zuchttiere müssen vor dem Belegen und vor dem errechneten Wurftermin behandelt werden, bei Befall mit dem »Kürbiskernbandwurm« 2–3 Wochen nach der ersten Entwurmung erneut ein Bandwurmmittel verabreichen. Zusätzlich müssen sowohl das Tier als auch seine Umgebung (Schlafplatz usw.) gegen Flöhe behandelt werden. Eine Woche vor jeder Schutzimpfung wird sowieso entwurmt.

Anhand von Kotuntersuchungen kann der Tierarzt schnell herausfinden, ob und welche Wurmarten vorhanden sind, um dann mit dem passenden Mittel gegen die speziellen Parasiten gezielt vorzugehen.

**ZECKEN, FLÖHE, MILBEN** ▶ Besonders in den Sommermonaten leiden auch Riesenschnauzer gelegentlich unter Zecken, Flöhen oder Milben, während Läuse seltener vorkommen.

Bekämpfungsmittel wie Flohhalsbänder oder Puder und Tinkturen enthalten zwangsläufig Stoffe, die für die Parasiten, aber nicht für den Hund giftig sind.

Kratzen ist das erste Anzeichen für **Flöhe**. Zusätzlich erkennen kann man den Befall daran, daß der von Flöhen ausgeschiedene Kot in Form von schwarzen geronnenen Kügelchen auf der Haut hinterlassen wird.

---

▶ **TIP**

*Auf Rezept bzw. beim Tierarzt sind heute recht zuverlässige Medikamente mit Langzeiteffekt erhältlich, die nach drei Behandlungszyklen alle Entwicklungsstadien der Schmarotzer am und um das Tier unterbrechen, was eine weitere Vermehrung generell unterbindet.*

---

Sie können auch ernstere Probleme bereiten, wie allergisch bedingte entzündliche Hautveränderungen mit starkem Haarausfall, Bandwurmbefall und sogar Blutarmut – ein erwachsener Floh kann täglich bis zum 20fachen seines Körpergewichtes an Blut aufnehmen. Es kommt aber noch schlimmer: Bei Floh-

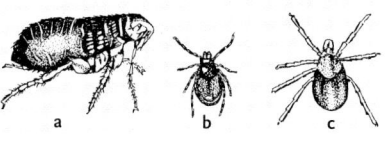

Äußere Parasiten des Hundes:
a Hundefloh (2–3,5 mm),
b Zeckenmännchen und
c Zeckenweibchen (einige mm).

befall des Hundes befinden sich nur 5 % der lästigen Parasiten auf dem Tier. Die übrigen 95 % sind in ihren verschiedenen Entwicklungsstadien – Eier, Larven und Puppen – in der direkten Umgebung, also in der Wohnung, verteilt. In jedem Fall bedarf es einer Langzeitbehandlung sowohl des Hundes als auch seiner Umgebung (Teppichboden, Polster, Kissen, Lagerplatz, Hundehütte, Ritzen, Fugen usw.).

Die **Zecken**, die sich in die Haut bohren und voll Blut saugen, bis sie die Form grauer Erbsen erreicht haben, sind ebenso wie die Flöhe und Milben Ektoparasiten. Beim Tierarzt oder im Zoofachhandel sind sogenannte Zeckenzangen erhältlich, mit denen sich die Schmarotzer sicher und mühelos entfernen lassen, ehe sie größeren gesundheitlichen Schaden beim Hund anrichten können, was freilich eine konsequente Inspektion des Hundes voraussetzt.

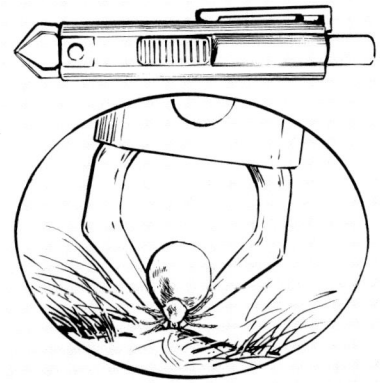

Es gibt inzwischen viele verschiedene Hilfsmittel und Ratschläge zum Zeckenentfernen. Die meisten Hundehalter kommen am besten mit dieser Zeckenzange zurecht.

Geduldig läßt sich
der Hund die Zecke
sachgerecht entfer-
nen.

Äußerst unangenehme Plagegeister sind **Milben**, von denen es verschiedene Arten gibt. Häufig begegnen wir den so-genannten Ohrmilben, die den äußeren Gehörgang des Hundes befallen, oder den Grasmilben, die mit Vorliebe die Pfoten und Läufe besiedeln. Eine be-sonders hartnäckige Art ist die Demo-dex-Milbe, die nur schwer in den Griff zu bekommen ist. Erste Anzeichen dafür sind kahle Stellen um die Augen und über dem Nasenrücken. Besonders geschwächte und anfällige Tiere können auch am ganzen Körper befallen wer-den.

Nicht selten verursachen Bakterien Sekundärinfektionen in Form von schweren Ekzemen. Insofern ist es immer angeraten, Tiere mit deutlichen Hautveränderungen vom Tierarzt untersuchen und gezielt behandeln zu lassen.

▶ **Seltene Erbkrankheiten**

Die im folgenden Abschnitt abgehandelten Punkte geben lediglich eine kleine, aber gezielte Auswahl aus dem großen Katalog möglicher Krankheiten und gesundheitlicher Probleme beim Hund wieder. Die Krankheiten treten, wenn auch selten, auch mal bei Riesenschnauzern auf – so jedenfalls das Ergebnis jahrzehntelanger Erfahrungen der praktizierenden Tierärztin, langjährigen Hauptzuchtwartin des PSK und erfolgreichen Schnauzerzüchterin Frau Dr. Susanna Keil.

**TUMORE AN DEN KRALLEN ▶** Zeigt Ihr Riesenschnauzer Schmerzen an der Kralle oder beim Laufen, stellen Sie gestörtes Krallenwachstum fest, bricht die Kralle ab und wächst nicht ordnungsgemäß nach und hat sich gar schon ein typisch stinkender Geruch entwickelt, dann wird es höchste Zeit, den Tierarzt aufzusuchen. Die Erfahrung hat gelehrt, daß z.B. das sogenannte Plattenepithel-Karzinom, wenn es auch noch so selten auftritt, fälschlich viel zu lange als Krallenbettentzündung behandelt wird.

**SCHILDDRÜSEN-UNTERFUNKTION ▶** Erkennungszeichen der Schilddrüsen-Unterfunktion (Hypothyreose) sind schlechtes und schütteres Fell, oft Kahlheit am Hals, der Rückenlinie und den Flanken, Müdigkeit, Lethargie, z.T. vermehrter Durst und Fruchtbarkeitsstörungen. Eine lebenslange Therapie mit Schilddrüsenhormonen kann zu völliger Symptomfreiheit führen. Dennoch:

befallene Tiere müssen unbedingt aus der Zucht genommen werden!

**NEBENNIEREN-ÜBERFUNKTION ▶** Schlechtes und schütteres Fell (s.o.), sehr großer Durst und übertriebener Appetit, zunehmender Bauchumfang und z.T. ausbleibende Läufigkeiten können auch die Folge einer Nebennieren-Überfunktion (Cushing-Syndrom) sein. Dies kann der Tierarzt durch Blutuntersuchungen abklären.

**EPILEPSIE ▶** In einigen wenigen Linien bereitete die Epilepsie vor ca. 20 Jahren schon mal Probleme, aber durch gezielte und strikte Zuchtauslese ist sie inzwischen bei unserem Riesenschnauzer ziemlich ausgemerzt.

**GELENKERKRANKUNGEN IM WACHSTUM ▶** Es gibt mögliche Störungen des Knorpelwachstums durch zu schnelle Gewichtszunahme, besonders im Schultergelenk, aber auch im Ellenbogen- und Fersengelenk. Sie werden als OCD (Osteochondrosis dissecans) bezeichnet.

Am Ellbogengelenk kann es zu Komplikationen kommen, wenn ein bestimmter Knochenfortsatz (Prozessus anconeus), der ins Gelenk ragt, isoliert bleibt. Er sollte mit fünf Monaten festgewachsen sein. Wenn nicht, entstehen Lahmheiten, aus denen sich Arthrosen entwickeln, die ihrerseits zu chronischer Lahmheit führen. Knappes Füttern und Vermeiden des sehr schnellen Wachsens sind die besten Vorbeugungsmaßnahmen dagegen.

▶ **Magendrehung**

Nach sehr reichlicher Fütterung oder großer Wasseraufnahme und anschlie-

a normales Hüft-
  gelenk
b mittlere HD
c schwere HD

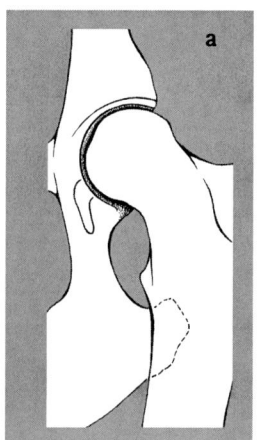
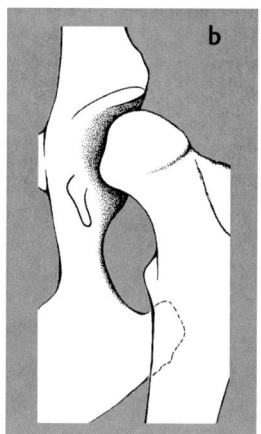
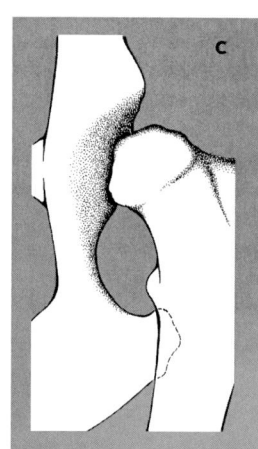

ßender ausgedehnter und rasanter Bewegung kann der Magen einmal »umschlagen«. Damit ist der Blutabfluß aus der Milz abgedreht, während der Blutzufluß anfangs noch möglich ist. Der Mageninhalt gast auf, es kommt zum Kreislaufversagen und Tod! Plötzlich einsetzendes Würgen, ohne daß Mageninhalt erbrochen wird, ist das erste Anzeichen für die Magendrehung. Sie ist eigentlich die lebensgefährlichste Krankheit, denn ihr Verlauf ist hochdramatisch, und die Hunde sterben daran nach wenigen Stunden. Daher bei Verdacht sofort (!) zum Tierarzt, auch nachts! Wenn eine Behandlung überhaupt noch möglich ist, dann nur durch eine sofortige Operation.

## TIP

*Um der Magendrehung vorzubeugen, werden mehrmals täglich kleine Portionen gefüttert, und jede Mahlzeit wird generell erst nach ausgiebiger Bewegung verabreicht. Anschließend sollte er eine Ruhephase genießen.*

## ▶ Hüftgelenksdysplasie

An der Entstehung der Hüftgelenksdysplasie (HD) sind verschiedene Faktoren beteiligt. »Dysplasie« bedeutet eine Fehlbildung des Hüftgelenks, weil der Oberschenkelkopf und die Hüftgelenkspfanne nicht korrekt zusammenpassen. Im Extremfall renkt sich das Gelenk aus, oder es entwickeln sich sehr schmerzhafte Arthrosen.

Erfolgreich vorbeugen kann man daher nur durch eine Kombination von züchterischen Maßnahmen und idealen Fütterungs- und Haltungsbedingungen. Umweltfaktoren beeinflussen den Grad der Ausprägung der Erkrankung; besonders die Energieversorgung des wachsenden Riesenschnauzers wirkt sich direkt auf seine Wachstumsgeschwindigkeit und damit auf die Skelettentwicklung aus. Wird unser frohwüchsiger Junghund unkontrolliert überfüttert, wächst er zu schnell und erreicht daher sein vorgegebenes Endgewicht zu früh. Fest steht, daß der schlank gehaltene und damit richtig ernährte Hund seine genetisch vorgegebene Endgröße genauso sicher erreicht, weil übermäßige Füt-

Auch im Alter verlieren die Riesenschnauzer ihr respektables Äußeres nicht, wie diese 12jährige Hündin beweist.

terung kein größeres Endwachstum bewirkt.

Da in den ersten Lebensmonaten das Skelett noch gar nicht ausgereift sein kann, wird es durch Übergewicht gefährlich überlastet. Weil die Energieversorgung die Wachstumsgeschwindigkeit und somit auch die Entwicklung der Knochen steuert, kommt ihr bei der Fütterung großwüchsiger Rassen besondere Bedeutung zu. Um es deutlich zu sagen: Überversorgung mit Energie kann bei entsprechend veranlagten Hunden nachgewiesenermaßen die HD verschlimmern! Verschiedene Untersuchungen bei anderen großwüchsigen Rassen brachten den Nachweis, daß zurückhaltende Fütterung der Junghunde eine günstige Wirkung

auf den Komplex der Hüftgelenksdysplasie hat.

► **Alternative Heilmethoden**
**HOMÖOPATHIE** ► Immer mehr homöopathisch orientierte Hundebesitzer und -züchter möchten auch ihre Tiere mit alternativen Heilmethoden behandelt wissen oder selbst behandeln. Gerade weil sie ihren Hund mit all seinen Eigenarten und Vorzügen so gut kennen, können sie ihrem Hausgenossen mit homöopathischen Arzneimitteln selbst helfen, zumal sich die Homöopathie in einer Vielzahl von Fällen ausgezeichnet zur Vorbeugung eignet.

So wie das Vertrauen des Menschen in die Naturmedizin wächst, sind auch in letzter Zeit diverse Bücher über Naturheilverfahren bei den Haustieren, speziell auch für Hundehalter, erschienen. In ihnen geben Tierärzte wertvolle Anregungen, die sich am neuesten Wissensstand der angewandten Naturheilkunde für Tiere und der praxisgerechten Heilerfahrung orientieren. Sorgfältig wird abgewogen, was man selbst behandeln kann und was zu behandeln nicht ratsam ist, und es wird jeweils angegeben, wann der Zeitpunkt gekommen ist, an dem man den Tierarzt aufsuchen muß. Als Alternative und Ergänzung zur Schulmedizin gewinnt die Homöopathie zunehmend an Bedeutung, auch in den Tierarztpraxen. Grundlage der homöopathischen Therapie ist, daß der Organismus durch den spezifischen Reiz des homöopathischen Heilmittels selbst Abwehrkräfte mobilisieren und damit eine Heilung einleiten und bewirken soll.

BACH-BLÜTEN-THERAPIE ▶ Ein Kerngedanke der ganzheitlichen Sichtweise der Bach-Blüten-Therapie beruht auf der Philosophie, daß das Gleichgewicht von Körper und Seele der ausschlaggebende Faktor für Gesundheit und Wohlbefinden ist. Kritiker der alternativen Heilmethoden reden oft von dem sogenannten Placebo-Effekt und weisen regelmäßig darauf hin, daß die Wirkung von Mitteln, deren Inhaltsstoffe nicht meßbar sind, nicht möglich sein kann. Wie die Bücher, die sich ausführlich mit dem Thema »Bach-Blüten für Hunde« befassen, darlegen, ist das Hauptziel einer Behandlung mit Bach-Blüten, seelische oder charakterliche Disharmonien wieder in Einklang zu bringen. Bach-Blüten werden generell

nicht als Medikamente verstanden und können daher bei gesundheitlichen Problemen keineswegs den Tierarzt ersetzen.

### ▶ Erste Hilfe

Unfälle lassen sich trotz größter Vorsicht nicht vermeiden. Meist kann man den Vierbeiner dann ohnehin nicht selbst behandeln, sondern braucht schnellstmöglich die Hilfe des Tierarztes.

Wichtig ist aber, das Geschehen richtig einzuschätzen und ggf. erste Maßnahmen zu ergreifen, bevor man den Tierarzt erreicht.

VERLETZUNGEN DES AUGES ▶ Eingangs sei gleich gesagt, daß Augenverletzungen sehr gefährlich und vom Laien kaum zu behandeln sind. Entscheidend ist: Verhindern Sie, daß der Hund die Verletzung durch Kratzen verschlimmert. Es gibt wohl antibiotische Augensalben, die man zum Schutz vor Infektionen sofort verwenden kann, aber die wichtigste Regel ist immer das sofortige Aufsuchen des Tierarztes.

Besonders in den Monaten, in denen Gräser und Getreide blühen, kommt es oft zu Entzündungen des Auges. Mehr als leichtsinnig handelt der Mensch auch, wenn er den Hund aus dem Fenster des fahrenden Autos herausschauen läßt.

Die Entzündung macht sich durch flüssige oder eitrige Absonderungen bemerkbar. Das Auge wird mit einem mit lauwarmem Wasser getränkten weichen Tuch in kürzeren Abständen ausgetupft, die Reizung sollte nach einigen wenigen Tagen zurückgehen und der Ausfluß versiegen.

Tritt bei jungen Hunden eine Bindehautentzündung auf, muß man wissen, daß sie auch eine der ersten Begleiterscheinungen der Staupe sein kann. Experimentieren Sie nicht lange herum, sondern konsultieren Sie sofort den Tierarzt.

**HITZSCHLAG** ▶ Der klassische Fall ist der Hund im Auto, das in der prallen Sonne steht. Wie auch immer: Steigt die Körpertemperatur über 41,5 °C, kommt es zu tödlichen Gehirnschäden. Erste Hilfeleistung besteht darin, unbedingt für Abkühlung zu sorgen, sofort die Läufe zu kühlen, indem man sie mit Wasser bespritzt, um anschließend den Körper und Kopf zu kühlen. Anzeichen für einen Hitzschlag sind: Der Hund steht unsicher und schwankend, er wird bewußtlos. Unbedingt und umgehend den Tierarzt aufsuchen! Bei Bewußtlosigkeit kann allerdings selbst der Tierarzt nur noch in den seltensten Fällen helfen.

**AKUTER DURCHFALL** ▶ Entleerung von wäßrigem Kot, der gelbbraun bis blutig sein kann, muß nicht immer harmlos sein. Geben Sie kein Futter, sondern reichen Sie leichten schwarzen oder Kamillentee, und halten Sie den Hund warm. Vor dem Tierarztbesuch werden keine Arzneimittel verabreicht!

**BISSVERLETZUNGEN** ▶ Oft handelt es sich nur um kleine Wunden, dennoch besteht Infektionsgefahr durch Eindringen von Bakterien. Bei tieferen Fleischwunden, starker Blutung oder Knochenverletzungen kann nur durch fachgerechte Versorgung schnelle Heilung erzielt werden. Vorsicht, der notdürftig angelegte Verband darf nicht einschnüren. Keine Gummiringe verwenden, Blutstillung nur durch einen Verband vornehmen.

**INSEKTENSTICHE** ▶ Insektenstiche werden vom Hund normalerweise gut »weggesteckt«. Es gibt eine gefährliche Ausnahme: Bienen- oder Wespenstiche im Kopfbereich und Rachenraum, z.B. ausgelöst durch die Aufnahme von Fallobst. Es kann akute Erstickungsgefahr auftreten. Entfernen Sie den Stachel, kühlen Sie die Gifteindringstelle, und suchen Sie umgehend den Tierarzt auf!

**MAGENDREHUNG** ▶ Symptome sind plötzliches Anschwellen des Bauches und Kurzatmigkeit. Eine unverzügliche tierärztliche Behandlung ist notwendig.

**OHRENSCHMERZEN** ▶ Häufiges Kopfschütteln, Kratzbewegungen mit den Pfoten, Schräghalten des Kopfes weisen auf Ohrenschmerzen hin. Reinigen Sie das äußere Ohr vorsichtig, und dringen Sie dabei nicht in den Gehörgang ein. Fremdkörper und Entzündungen werden vom Tierarzt behandelt.

**UNFALL** ▶ Bei sichtbaren Verletzungen und/oder Verdacht auf innere Verletzungen wird der Hund ruhig gelagert. Verletzte Tiere stehen oft unter Schock und beißen schnell mal zu. Die Blutstillung erfolgt durch das Anlegen eines Druckverbandes. Schieben Sie eine Decke (Jacke oder Autoteppich) unter den Hund, dann wird die improvisierte Trage von zwei Personen an den Ecken gehalten, das verletzte Tier vorsichtig angehoben und zum Tierarzt transportiert. Ist es bei Bewußtsein, sollten Sie beruhigend auf es einreden.

**VERGIFTUNGEN** ▶ Sie rühren oft daher, daß der Hund giftige Substanzen wie Giftpflanzen, Gartenchemikalien, Frostschutzmittel oder Medikamente für Menschen aufnimmt. Erbrechen, Durchfall, Krämpfe, Blutungen aus Körperhöhlen und Bewußtlosigkeit sind oft die Folgen.

---

### TIP

*Stellen Sie möglichst die genaue Ursache der Vergiftung fest (z.B. zerbissene Arzneipackung oder Rest des vermuteten Giftes), und suchen Sie unverzüglich den Tierarzt auf! Weiß der Tierarzt, welches Gift die Ursache war, kann er rasch das richtige Gegenmittel finden. Geben Sie Tierkohle, wenn der Tierarzt nicht sofort erreichbar ist.*

Selbst behandeln kann der Hundebesitzer nicht, aber es ist dennoch eine ungeheuer große Hilfe gerade für den psychisch hoch erregten Hund, wenn er die Nähe seines Menschen spürt, seine Hand fühlt, seine Stimme hört, wenn er weiß, daß er in dieser Situation nicht allein gelassen wird.

Diese Ausführungen könnten möglicherweise den noch unerfahrenen Hundeliebhaber verunsichern und von dem Kauf eines Hundes abhalten. Hierbei muß aber grundsätzlich gesagt werden, daß man unschwer mit den Dingen zurechtkommt, zumal ja viele der beschriebenen Probleme sehr selten oder gar nicht auftreten. Lassen Sie sich also nicht entmutigen, denn Sie wachsen schnell in Ihre Aufgabe hinein, und vieles wird Ihnen bald zur Routine.

# Erziehung leichtgemacht

# Erziehung leichtgemacht

Der »normale« Riesenschnauzerbesitzer möchte einen treuen Begleiter, der ihn respektiert, ihm gehorcht und ihn gern hat. Er will sich jederzeit und überall auf seinen Hund verlassen können, und er soll auch dazu beitragen, daß sich Herrchen oder Frauchen mit seiner Hilfe vom Alltagsstreß erholen können. Die Erfüllung dieser Ansprüche, die eine ideale Freundschaft zwischen Mensch und Hund voraussetzt, wird nicht gleich beim Kauf des Welpen mitgeliefert. Erst durch gemeinsames Spiel, durch im Spiel lustbetont gesammelte Erfahrungen, die dann unter sachgerechter Anleitung in sorgfältige Erziehungsarbeit münden können, entwickelt sich so etwas wie ein idealer Umgang, eine richtige Freundschaft zwischen Mensch und Hund.

Bei aller guten Absicht, die Herr und Hund im Zusammenhang mit der Erziehung und Ausbildung haben mögen, müssen bei der Methodenwahl die für den Riesenschnauzer typischen Charaktereigenschaften berücksichtigt werden. Um es auf einen Nenner zu bringen: Unser Riese ist ein Individualist, der sich nicht ohne weiteres mit stereotypem Zwang oder gar mit Brutalität, sondern nur mit einer seiner Mentalität angemessenen Konsequenz in Verbindung mit Liebe und Geduld erfolgreich

fördern und ausbilden läßt. Als anerkannter Schutzhund, als Athlet mit hartem Schädel und weichem Gefühl, braucht er eine fest zugreifende Hand, aber ebenso auch großes Vertrauen in seinen Herrn und dessen liebevollen Zuspruch.

Als Riesenschnauzerbesitzer sind Sie auch dafür verantwortlich, Ihren Hund zu einem folgsamen und disziplinierten Hausgenossen zu erziehen. Kadavergehorsam sollte natürlich längst überholt sein und ist eines Schnauzers absolut unwürdig.

Viele Experten empfehlen, mit der wirklichen Erziehung im Alter von fünf bis sechs Monaten zu beginnen, wenn auch die Grundausbildung des Schnauzers eigentlich schon am Tag der Übernahme vom Züchter einsetzen kann. An anderer Stelle wurden einige kurze Ausführungen zur Namengebung und der Gewöhnung des Welpen an Halsband und Leine gemacht, was ohne Zweifel als frühe Ausbildungsmaßnahmen zu betrachten ist (Seite 28).

### ▸ Allgemeine Erziehungsregeln

ÜBUNGSZEITEN EINHALTEN ▸ Sie legen bestimmte Zeiten für die Ausbildung fest, wobei zwei Übungszeiten täglich als ratsam erscheinen. Damit der

Hund nicht das Interesse verliert, reichen zu Beginn fünf bis zehn Minuten pro Übungseinheit. Ratsam ist, jeweils vor dem Füttern zu üben, denn der leicht hungrige Hund ist sowohl aufmerksamer als auch lebhafter, als der satte und schläfrige Schüler es sein würde.

**STIMMLAGE UND WORTWAHL ▶** Für denselben Befehl werden immer dieselben Worte und dieselbe Stimmlage gewählt. Motivieren Sie den jungen Riesenschnauzer z.B. mit fröhlicher, aufmunternder Stimme, zu Ihnen zu kommen, dann würde es ihn zweifellos stark irritieren, wenn Sie ihn in der gleichen Situation beim nächsten Mal mit einem autoritären, barschen »Hierher« rufen.

**DEUTLICHKEIT UND NACHDRUCK ▶** Es muß deutlich gemacht werden, daß es sich nicht um ein Spiel, sondern eine wichtige und ernste Übung handelt, der er sich auch – trotz Ausgelassenheit oder herzerweichenden Blickes – nicht entziehen kann.

**SELBSTBEHERRSCHUNG UND GEDULD** Bleiben Sie gelassen, wenn Ihr Schnauzer sich anfangs ungeschickt oder

Wenn es ihm richtig »schmackhaft« gemacht wird, läuft der Junghund gerne – die Beute apportierend – auf gleicher Höhe mit seinem Herrn.

---

**TIP**

*Beenden Sie die Übungen immer mit einem positiven Abschluß, dann sind Sie und Ihr Hund auch miteinander zufrieden. Beide freuen sich auf die Fortsetzung der Arbeit am nächsten Tag. Die positive Grundeinstellung des Riesenschnauzers während der Erziehung ist wesentliche Voraussetzung für eine erfolgreiche Arbeit. Sie haben es in der Hand, dafür zu sorgen.*

---

schwerfällig anzustellen scheint. Als hochsensibles Lebewesen nimmt er Ihren Ärger und Frust wahr, das beunruhigt ihn und wirkt sich verunsichernd auf das Üben aus, was wiederum die Arbeit für beide erschwert.

**SOFORT REAGIEREN ▶** Lob und Tadel – je nachdem – müssen unmittelbar auf die Reaktion des Vierbeiners im Hinblick auf die Ausführung eines Befehls erfolgen. Kommt er auf Anweisung, auch mit noch so vielen Hilfen oder Leinenruck, zu Ihnen, wird er überschwenglich gelobt und gestrei-

Eine Übung für
Fortgeschrittene:
»Platz«.

chelt. Unerwünschtes und Unerlaubtes wird mit einem kurzen und gestrengen »Pfui« getadelt. Brüllen, schreien, schelten oder gar schlagen versetzen den Vierbeiner nur in Angst. Der wirklich gut erzogene Hund gehorcht, weil er seinem Herrn gefällig sein möchte, und tut es nicht aus Angst vor ihm.

### ▶ Sitz

Manchen Schnauzern bringt man »Sitz« bei, indem eine Hand geschlossen über dem Kopf des Hundes gehalten wird, als ob darin etwas Begehrenswertes verborgen wäre, was ihn natürlich neugierig macht. Wenn Sie nun die Hand nach hinten über seinen Kopf hinwegbewegen, veranlaßt ihn das optische Folgen der Handbewegung, sich zu setzen. Tut er es, dann kommt Ihr »Sitz«.

Weil viele Hunde auf diese Methode nicht reagieren, muß mit Leine und Halsband nachgeholfen werden, und zwar so: Während Sie einen sanften Druck auf die Kruppe des Riesenschnauzers ausüben, ziehen Sie die Leine leicht hoch, und parallel dazu wird der Befehl »Sitz« gegeben. Wenn der Hund schließlich sitzt, endet die Übung mit Beifall und Lob.

### ▶ Platz

Auf Ihren Befehl lassen Sie den Hund die »Sitz«-Position einnehmen, während Sie sich neben ihn hocken. Jetzt ziehen Sie seine Vorderläufe nach vorne, und gleichzeitig üben Sie einen leichten Druck auf seine Schulter so lange aus, bis er flach liegt. Ist dies der Fall, geben Sie das Kommando »Platz«. Durch den Druck Ihrer Hand auf seine Schulter wird er ein paar Sekunden in dieser Stellung verharren. Sie nutzen die kurze Zeit, um den Befehl »Platz« zu wiederholen.

► **Leinenführigkeit, Fuß**

Ausgangslage für den Befehl »Fuß« ist wiederum die Sitzposition des Hundes zu Ihrer Linken. Leinenruck und Hörzeichen »Fuß« werden zusammen gegeben, während Sie losmarschieren und dabei mit dem linken Fuß zuerst ausschreiten. Das anfänglich eigenwillige Fortdrängen oder Zurückbleiben des Hundes wird ihm mit einem Leinenruck und dem Hörzeichen »Fuß« unangenehm gestaltet. Geht der auf diese Art korrigierte Hund »bei Fuß«, wird er gelobt. Die von Ihnen gewünschte, korrekt gezeigte Verhaltensweise wird unserem Riesenschnauzer also angenehm gemacht.

Bei einer Rechtswendung wird der Hund dazu neigen abzuweichen, so daß Sie gleich, wie oben beschrieben, korrigierend eingreifen müssen.

**TIP**

*Wichtig und sehr hilfreich bei den Gehorsamsübungen ist ein Spielzeug (Ball usw.). So kann man beispielsweise die Rechtswendung ohne physische Einwirkung üben, indem die rechte Hand dem Hund das Spielzeug zeigt, dem er nachstrebt. Lockern Sie die Übung auf, indem Sie einen größeren Kreis laufen, zwischen Bäumen herummarschieren usw.*

Halten Sie während des Gehens an, und lassen Sie den Hund absitzen, dann marschieren Sie mit dem Befehl »Fuß« nach kurzer Zeit wieder los. Nach einigen Übungen wird der Hund automatisch immer dann absitzen, wenn Sie stehenbleiben.

Richtig und früh genug gehandhabt, empfindet der Welpe das Halsband bald als Selbstverständlichkeit.

Ständige Wiederholungen in den einzelnen Phasen schaffen schließlich das gewünschte Verhalten.

► **Freifolge**

Ein Riesenschnauzer, der richtig in der Leinenführigkeit ausgebildet wurde, hat auch keine großen Probleme mit der Freifolge. Vorsicht: Der Hund, der es geschafft hat, sich der Einwirkung seines Führers wie auch immer zu entziehen, ist nur schwer oder gar nicht mehr auszubilden.

Für das Üben der Freifolge soll nur noch soviel angemerkt werden, daß bei

»Platz« wird konse-
quent geübt.

auszuschließen, daß er nicht bleibt, halten Sie den Hund mit der linken Hand
an der Leine. Steht er auf, wird er mit
»Pfui« getadelt und mit »Bleib« wieder
in die gewünschte Position zurückge-
bracht.

Nahziel ist, den Hund vorerst nur
fünf bis zehn Sekunden so verharren zu
lassen, daß Sie sich von seiner Seite entfernen und vor ihn hinstellen können,
um anschließend wieder zu ihm zurückzukehren. Nach und nach werden
die Verweilphase und Ihre Distanz zum
Hund verlängert. Das Handzeichen
wird weiterhin zusammen mit dem
mündlichen Befehl eingesetzt, so daß
der Hund beide Befehle zusammen
oder auch jeden einzeln mit »Bleib« ver-
knüpft. Wie bei allen Übungen loben
Sie jeden Erfolg, auch wenn er aus Ihrer
Sicht noch so gering erscheint.

▶ **Aus**

Diese Erziehungslektion ist besonders
wichtig, wenn auch nicht so ganz einfach. Sie erwarten von Ihrem Riesenschnauzer, daß er alles, was er in der
Schnauze hält – ob Leckerbissen, Spielzeug oder Verbotenes –, auf Ihr Kommando hin freigibt. Dies zu tun, geht
gegen die Natur des Wolfsabkömmlings
Hund. Denn alles, was man bereits in
den Zähnen hält, gibt man einfach nicht
mehr her. Jetzt sind Sie mit all Ihrer Autorität als »Rudelführer« gefordert, um
am Ende erfolgreich zu sein.

dieser Disziplin der Einsatz des Spiel-
zeugs von großer Bedeutung ist.

▶ **Bleib**

Der Befehl »Bleib« wird nicht wie
»Sitz«, »Platz« und »Fuß« in einem
knappen, festen, bestimmenden Ton gegeben, sondern deutlich langsamer und
gedehnter ausgesprochen. Der Hund
sitzt neben Ihnen, und Sie halten die
rechte Hand mit der Handinnenseite
zum Hund vor sein Gesicht und sagen
dabei »Bleeiib«, während Sie sich langsam und bedächtig von der Seite des
Hundes entfernen – die rechte Hand
immer noch vor sein Gesicht haltend –
und sich mitten vor ihn hinstellen. Um

▶ **Begleithundprüfung**

Auf die Empfindlichkeit mancher Menschen, die vor einem frei laufenden
Hund ohne Maulkorb einfach Angst haben, müssen wir selbstverständlich als
Hundebesitzer Rücksicht nehmen. Für
nicht wenige ist die Annäherung eines

Hundes allemal ein furchterregendes Ereignis, was durch Größe und Kraft eines Riesenschnauzers zusätzlich noch intensiviert wird. Daß der gutartige Athlet nur spielen will, wissen oder glauben sie nicht. Darauf müssen wir Rücksicht nehmen. Ein unbedingt empfehlenswerter Weg, Probleme mit dem Hund in der Öffentlichkeit zu vermeiden und damit den Riesenschnauzer nicht in Mißkredit zu bringen, ist die Ablegung der Begleithundprüfung. Dies ist ab einem Alter von zwölf Monaten möglich.

**TIP**

*Viele Gemeinden gewähren für Hunde, die die Begleithundprüfung bestanden haben, einen niedrigeren Hundesteuersatz.*

Die Ausbildung umfaßt mehrere Übungsteile, die alle darauf abgestellt sind, Ihren Riesenschnauzer zu einem problemlosen, angenehmen und lebensfrohen Partner in Familie und Gesellschaft zu erziehen. Gehorsams- und Unterordnungsleistungen, erbracht unter sachgerechter Anleitung auf dem Übungsplatz, Schußgleichgültigkeit und sicheres und unbefangenes Verhalten in alltäglichen Situationen und im Straßen- und Großstadtverkehr, sind grundlegende Bestandteile des Anforderungskatalogs der Begleithundprüfung. Mehr noch, eine Vorbedingung für das Ablegen einer Schutz- oder Fährtenhundprüfung ist der Nachweis eben dieser bestandenen Begleithundprüfung.

▶ **Autofahren**

Die meisten Hunde sind begeisterte Auto-Mitfahrer. Der besondere Autoge-

**Beinahe zu enge Kontaktpflege? Riesenschnauzer sind liebevolle Zeitgenossen mit viel Herz.**

ruch, die schaukelnden Fahrbewegungen, das Dahinbrausen und die meist fröhliche Ausflugsstimmung der Menschen, mit denen zusammen man auf engstem Raum ist, tragen dazu bei. Im Wagen sollten Hunde ihren Stammplatz haben. Verhältnismäßig sicher ist der Riesenschnauzer auf dem mit einer Schondecke geschützten Rücksitz des PKW dann untergebracht, wenn er mit einem speziell für Hunde entwickelten Brustgeschirr angeschnallt wird. So bleibt er – trotz genügender Bewegungsfreiheit – ständig unter Kontrolle und kann bei einer Vollbremsung nicht zum

## Tips fürs Autofahren

Lassen Sie Ihren Hund während der Fahrt nicht aus dem geöffneten Fenster schauen (Zugluft!).

Der Hund steigt immer nur an der Beifahrerseite und nur auf Ihr Kommando aus und ein. Zuerst steigt der Hund ein, dann die Mitfahrer. Beim Aussteigen ist es genau umgekehrt.

Muß der Hund für kurze Zeit im schattigen Wagen zurückbleiben, öffnen Sie ein Fenster einen Spalt.

Vor längeren Fahrten erhält der Hund kein Fressen.

Wasser und Napf sind bei Überlandfahrten immer dabei.

gefährlichen Geschoß werden, wie es etwa beim Welpen auf der Hutablage der Fall sein könnte.

Daß Ihr Hund bei heißem oder sonnigem Wetter möglichst nie allein im Auto zurückgelassen wird, ist eine Selbstverständlichkeit.

Dennoch, nicht alle Hunde fahren gerne im Auto. Einige wurden als Welpen oder Jungtiere nicht daran gewöhnt und sind ängstlich. Sie reagieren mit Übererregbarkeit, Speichelfluß oder Erbrechen und Zittern. Daher sollten Hunde bereits im Welpen- oder mindestens im erziehungsfähigen, jugendlichen Alter ans Autofahren ebenso wie an die Benutzung öffentlicher Verkehrsmittel gewöhnt werden.

Eine konsequente Erziehung und Ausbildung sollte auch das richtige Verhalten des Riesenschnauzers im Auto berücksichtigen. Hunde, die gern dabei sind und ihren verkehrsgerechten, festen Platz im Auto angenommen haben, werden weder den Fahrer ablenken noch sonstwie zu einer Last oder gar Gefahr im Auto werden.

### TIP

*Für die Unterbringung des Hundes auf der Ladefläche des Kombis sind mindestens ein Absperrnetz oder ein Metallgitter notwendig. Reise- oder Transportboxen mit Gittern, die paßgenau für die einzelnen Modelle zu haben, geräumig und sicher sind, halten wir für sehr geeignet. Wegen der großen Gefahr eines Hitzestaus ist entscheidend, daß der Fond des Kombis einen Sonnenschutz hat.*

# Freizeitpartner Riesenschnauzer

# Freizeitpartner Riesenschnauzer

▶ **Auslauf und Spazierengehen**
Sowohl Menschen als auch Hunde nehmen sicher Schaden, wenn sie zuwenig Bewegungsmöglichkeiten haben oder, was zum Leidwesen der Ärzte auf viele Zweibeiner zutrifft, aus Bequemlichkeit einfach darauf verzichten, sich regelmäßig und ausgiebig in der freien Natur und frischen Luft aufzuhalten. Ist dies der Fall, so ist auch der ihnen anvertraute Riesenschnauzer zur Bewegungsarmut verurteilt, ohne daß er gegen diese »Nötigung« des Menschen etwas tun könnte.

Dem Hund als klassischem Lauftier nicht genügend Gelegenheiten zu geben, sich frei und möglichst ungehindert bewegen zu können und somit sowohl Muskeln als auch Herz und Lunge angemessen zu trainieren, kommt der Tierquälerei nahe. Dem Wolf als dem Urahn aller Hunde war es nur deshalb möglich, über Tausende von Jahren überhaupt zu überleben, weil sein gesamter Organismus auf Bewegung und Laufen als lebenserhaltende Voraussetzung für die Nahrungsbeschaffung eingerichtet war und ist. Wolfsrudel brauchen ganze Landstriche, die sie vornehmlich in der

Dämmerung und bei Dunkelheit durchstreifen. Unsere domestizierten und nunmehr seit über hundert Jahren nach Rassestandards gezüchteten Hunde – mögen sie auch noch so verschieden aussehen und von unterschiedlichster Größe sein, und mögen sie oft als Spezialisten für menschliche Aufgaben schier unglaubliche Fähigkeiten und Fertigkeiten an den Tag legen – sind alle nach dem gleichen wölfischen Grundkonzept konstruiert.

Dies bedeutet zwangsläufig, daß auch der gesunde, vitale und auf Funktionalität gezüchtete Riesenschnauzer sein Gangwerk trainieren und damit seinen natürlichen Bewegungsdrang ausleben will und muß. Kleine Rassen können sich in einer zunehmend enger werdenden Umwelt leichter als größere Rassen ausreichend Bewegung verschaffen. Als Riesenschnauzerinteressent sollten Sie vor der Anschaffung unbedingt berücksichtigen, daß Bewegung für die allgemeine Erhaltung der Gesundheit und Entwicklung von Altersfrische und Langlebigkeit sowohl für den Hund als auch uns Menschen lebenswichtig ist.

Erste Tuchfühlung

Der Riesenschnauzer ist ein robuster Bursche, der den ungezwungenen Aufenthalt in der Natur genießt. Er bietet sich bei jedem Wetter und zu allen Jahreszeiten als lustiger und dankbarer Begleiter und Kamerad zu täglichen Spaziergängen an. Seine oft spontane Ausgelassenheit, das unbeschwerte, zuweilen rüpelhafte Herumtollen, seine deutlich gezeigte und unbekümmerte gute Laune wirken auf den Menschen entspannend und machen den Spaziergang mit dem Riesenschnauzer nicht nur unterhaltend. Auch aus medizinischer Sicht ist der Spaziergang dringend empfehlenswert und bringt immer wieder Überraschungen. Besonders wenn sie sich im Freien selbst und unbeeinflußt überlassen sind, zeigen unsere Riesen ihr rassetypisches, ausgelassenes, nicht selten spitzbübisches Verhalten. Obwohl sie – oder vielleicht weil sie – Gebrauchshundqualitäten besitzen, gebärden sie sich in vielen Situationen wie liebenswerte und selbstsichere Schelme. Es sind Hunde mit einer rauhen Schale, aber zugleich auch einem lustigen, rücksichtsvollen und einfühlsamen Gemüt, was sie besonders im Umgang mit Kindern und alten Menschen zeigen.

Taucht plötzlich ein Jogger auf, muß ein Zwist mit ihm nicht sein. Grundsätzlich muß festgestellt werden, daß der Jogger genauso ein Recht zu laufen hat, wie Ihnen das Recht zusteht, mit dem Riesenschnauzer spazierenzugehen. Als rücksichtsvoller Hundeführer werden Sie den wohlerzogenen Schnauzer »bei Fuß« gehen lassen oder ihn anleinen, und der Jogger wird ungehindert vorbeilaufen. Das Zusammenleben von Hund und Jogger ist kein Problem, wenn der Besitzer seinen Riesenschnauzer im Griff hat.

Dann gibt es noch Orte, zu denen Hunde überhaupt nicht hingeführt werden sollten, weder mit noch ohne Leine.

Kinderspielplätze sind in jedem Fall tabu!

Aber zurück zum Spaziergang. Beobachten Sie doch einmal ganz bewußt, wie zwei (jüngere) Riesenschnauzer miteinander spielen und während des gemeinsamen Spaziergangs herumtoben. Losgelöst von der häuslichen Enge, die beinahe grenzenlose Weite des Auslaufgeländes genießend und ausnutzend, werden sie sich abwechselnd verfolgen, Kurven drehen, daß die Erdfetzen fliegen oder Haken schlagen, daß sie dabei fast das Gleichgewicht verlieren. In der nächsten Sekunde rennen sie aufeinander zu, versuchen sich spielerisch gegenseitig zu packen und herunterzuzerren. Sie jagen zusammen einem den Hügel hinaufgeworfenen Tennisball nach, der Schnellere reißt mit seiner Beute aus, und der zweite rast hinterher, um ihm die Beute durch Anspringen und Rempeleien streitig zu machen.

Trotz dieser so leidenschaftlich genossenen Ausgelassenheit halten die beiden Spielkameraden hin und wieder inne, um sich zu vergewissern, daß ihre Herren noch in der Nähe sind. Entfernen sich die tobenden Freunde tatsächlich einmal zu weit von den Rudelführern, dann sollten sich diese einfach verstecken und abwarten, bis die Hunde ihr Verschwinden feststellen. Sofort werden sie ihre Spiele und Raufereien unterbrechen und intensiv und mächtig aufgeregt nach ihren Besitzern suchen. Aufgeregt rennen sie in die Richtung zurück und veranstalten nach dem Wiedersehen ein regelrechtes Freudenfest.

Diese kurzen Beschreibungen beinahe täglich zu beobachtender hündischer Verhaltensweisen und Bedürfnis-

se mögen Beleg genug dafür sein, daß der Mensch sich schuldig macht, wenn er seinem vitalen und bewegungshungrigen Riesenschnauzer diese für Körper und Seele so eminent wichtige Möglichkeit und Freiheit zu selten oder gar nicht bietet. Ein in der Großstadt lebender Riese, der vom Menschen dazu gezwungen wird, seinen Tag allein auf dem öden Balkon zu verbringen, ist nicht weniger eine bedauernswerte Kreatur als der dauernd an der Kette liegende Bauernhund oder der am langen Laufdraht festgemachte Wachhund. In diesem Zusammenhang fallen einem unweigerlich das Tierschutzgesetz und die Ausführungen zu den »Mindestanforderungen für das Halten von Haustieren« ein, in denen unter anderem die Größe von Boxen und die entsprechenden Maße bei Zwingerhaltung angegeben werden. Wenn im Zusammenhang mit den Boxen noch die Rede davon ist, daß die Tiere, ihrer

---

**TIP**

*Ein Garten ist kein Ersatz für Auslauf! Der Mensch würde es sich viel zu einfach machen, nähme er an, daß in einem Haus mit Garten, in dem sich ja der Schnauzer bewegen könne, schon alles für den Hund getan sei. Freilich, ein Garten ist für die Hundehaltung immer empfehlenswert. Aber das Stück Rasen, auf dem sich der Hund wohl etwas bewegen kann, das ihm aber, wenn er den ganzen Tag sich selbst überlassen bleibt, schnell egal, uninteressant und langweilig wird, kann und darf niemals Ersatz für Ihre notwendige Zuwendung und zeitaufwendiges Ausführen sein.*

Beim Zerr- und
Beutespiel gibt
man nicht so
schnell auf.

Größe entsprechend, sich auch außerhalb der Boxen angemessen bewegen können, so werden im Zusammenhang mit dem Bewegungsbedürfnis des Hundes und seiner Zwingerhaltung keine weiteren konkreten Auflagen gemacht. Für jeden verantwortungsbewußten Hundefreund, der an seinem Riesenschnauzer Freude haben möchte und in ihm einen treuen Freund und zuverlässigen Kumpan sieht, sollte klar sein, daß solche vom Gesetzgeber vorgeschriebenen Mindestanforderungen, im Sinne einer Notlösung nur eingeschränkt hinnehmbar sein können. Sie sind höchstens dann akzeptabel, wenn sich der Hund nur gelegentlich in der Box oder dem Zwinger aufhalten muß, ihm aber sonst, seiner Größe entsprechend, angemessener Freiauslauf mit viel Anregung und wechselnden Betätigungs- und unterschiedlichsten Kontaktmöglichkeiten geboten wird.

**DER »WOHNUNGSHUND« ▶** Unter bestimmten Voraussetzungen kann man den Riesenschnauzer auch als »Wohnungshund« oder »Bürohund« halten. Es ist alles nur eine Frage der menschlichen Bereitschaft und der richtigen Organisation. Wird ihm morgens vor Arbeitsantritt ein ausgedehnter Spaziergang mit der Möglichkeit geboten, sich auszutoben und mit anderen Hunden oder seinem Zweibeiner zu spielen, so wird er sich anschließend durchaus zufrieden und ausgeglichen in der Wohnung oder im Büro seines Menschen niederlassen. Kombiniert man dann nach dem Mittagessen den Verdauungsspaziergang mit einem erneuten ausgedehnten Auslaufangebot und führt ihn auf dem Rückweg gar durch ein belebtes und im Hinblick auf Gerüche und Ereignisse höchst interessantes Stadtviertel, dann wird unser Riesenschnauzer sich in jeder Hinsicht ausgelastet und befriedigt bis zur abendlichen

Kräftiger Ge-
brauchshund mit
dem Apportierholz
unterwegs

Fressenszeit auch in beengten räumli-
chen Verhältnissen wohl fühlen. Nach
dem Fressen und bevor sich dann die
Familie zur Ruhe begibt, genießt der
»Stadthund« einen letzten Rundgang in
der Dämmerung oder Dunkelheit, in einer Atmosphäre also, die ganz sicher
viel Interessantes für ihn bereithält.

Gestalten Sie Ihr Zusammenleben
mit dem Riesenschnauzer annähernd so
wie beschrieben, fühlt er sich auch in
der Wohnung bei Ihnen und zusammen mit Ihrer Familie sehr wohl. Er
wird nicht weniger glücklich als der Art-
genosse mit Garten sein.

Aus all dem bisher Gesagten muß
der Schluß gezogen werden, daß neben
der richtigen Ernährung und sorgfälti-
gen Pflege nicht allein die Größe des
Raumes und der Wohnung oder die
Maße des Zwingers von ausschlagge-
bender Bedeutung sind. Die Menge an
Zeit, die für die Beschäftigung, Zuwendung und Betreuung des Riesenschnau-

zers zur Verfügung gestellt und in ihn
investiert wird, charakterisiert eine
bedürfnisgerechte Hundehaltung. So
gesehen, ist es dem Hund ziemlich egal,
ob er in einer Stadtwohnung, auf dem
Lande, im Zwinger mit Garten oder in
einem Wohnwagen lebt. Überall kann
er als ein auf engen menschlichen Kontakt angewiesenes Sozialwesen dazu
verurteilt werden, regelmäßig und über
längere Zeiträume hin allein bleiben zu
müssen und zudem wegen naturwidrig
auferlegter Bewegungsarmut auch noch
körperlichen Schaden zu nehmen.

### ▶ Schwimmen

Von Hause aus Freiluftfanatiker, bieten
sich die Riesenschnauzer nicht nur als
Gefährten bei Spaziergängen und langen Wanderungen an, sondern die meisten von ihnen genießen von Natur aus
auch das nasse Element. Nicht alle
Schnauzerwelpen gehen jedoch ohne
weiteres ins Wasser und schwimmen

Riesenschnauzer sind »Wasserratten«.

dann sofort. Sie müssen dies erst lernen. Und manch ein erwachsener Riese, der sich wasserscheu gebärdet, hat das kühle Naß entweder in der Jugend nicht kennengelernt oder mußte, was noch viel schlimmer ist, negative Erfahrungen machen. Auf keinen Fall sollte man ihn rücksichtslos ins Wasser zwingen. Ratsam ist es, mit der ersten Wassergewöhnungs- oder Schwimmstunde in der warmen Jahreszeit zu beginnen. Verabreden Sie einen Schwimmtermin mit einem Sportkameraden, dessen Hund eine Wasserratte ist. Ihr junger Riese wird mit ans Wasser genommen, alle gehen ins Wasser, und ohne viele Umstände wird der kleine Schnauzer, vielleicht nach einigem Zögern, von selbst nachkommen, um sich der Meute anzuschließen.

Das Überwinden dieses anfänglichen Zögerns vor einem bis dahin unbekannten Element und das frühe Gewöhnen an das kühle Naß kann zugleich auch als deutlicher Fortschritt im Hinblick auf die wesensmäßige Entwicklung des Junghundes gesehen werden. Wenn sich auch seine ersten Schwimmversuche zunächst noch darin erschöpfen mögen, daß er ziemlich unkoordiniert und ungestüm mit den Vorderpfoten ins Wasser schlägt, so gewinnt er, parallel zur Entwicklung seiner Schwimmtechnik, insgesamt an Selbstvertrauen und Selbstsicherheit.

Sollte der Hund aus unerklärlichen Gründen und wider Erwarten dem Rudel nicht ins Wasser folgen wollen, dann reagiert er vielleicht auf eine spielerische Einladung mit Hilfe eines Tennisballs, seines Lieblingsspielzeugs oder eines Futterbröckchens. Einen dieser Gegenstände zeigen Sie ihm in der Hand, während Sie sich schrittweise ins Wasser begeben.

Hunde sind allgemein in der Lage, ohne das Schwimmen erlernt zu haben, sich zumindest paddelnd im Wasser fortzubewegen. Für die Entwicklung der gesamten Muskulatur und des komplexen Bewegungsapparates stellt das Schwimmen eine der wertvollsten und empfehlenswertesten Konditionierungsmöglichkeiten dar. Gleichmäßiges, ruhiges und sicheres Schwimmen stellt sich dann beinahe automatisch nach mehrmaligem Üben ein.

Wir möchten fast sagen, daß dem Riesenschnauzer die Lust am Schwimmen angeboren ist. Und trotzdem spielt es eine Rolle, unter welchen Umständen und auf welche Art und Weise der Hund seine erste Bekanntschaft mit dem unbekannten Naß macht. Jede Anwendung von Gewalt oder gar plötzliches Ins-Wasser-werfen leistet sicher keinen Beitrag zur Wassergewöhnung des Schnauzers, sondern derartige rohe Methoden belasten oder zerstören sein Vertrauen zum Besitzer.

### ► TIP

*Kommt der Hund aus dem Wasser, muß er gleich angeleint werden, denn sonst ist kaum zu verhindern, daß er übermütig am Strand entlangfegt, über Kleidungsstücke und Handtücher rennt und beim Sich-schütteln die Leute naßspritzt.*

Immer schwieriger gestaltet es sich allerdings, eine Möglichkeit zu finden, wo sich Besitzer und Hund ungestört ihrem Badevergnügen hingeben können. Hat man dennoch einen geeigneten Badestrand ausfindig gemacht, dann kommt es sehr darauf an, einige Spielregeln, die vor allem ein rücksichtsvolles Verhalten des Hundebesitzers voraussetzen, einzuhalten. Hunde lieben das Wasser, und um die Badefreuden der anderen Badegäste nicht zu trüben und ein ungestörtes Nebeneinander von Mensch und Hund zu gewährleisten, muß der Vierbeiner gut erzogen sein und gehorchen.

Bevor man sich mit dem Schnauzer an den Strand begibt, hatte er während eines ausgiebigen Spaziergangs Gelegenheit, sich gründlich zu versäubern. Eine dampfende »Tellermine« zwischen den Liegestühlen der Badegäste ist wahrhaftig nicht dazu angetan, Sympathien für den Hund und seinen Halter zu wecken.

### ► Radfahren

Positive Beiträge zur modernen und zugleich artgerechten Haltung des Schnauzers bieten eigentlich alle Hundesportarten, zu denen auch die Ausdauerprüfung gehört, auf die wir anschließend eingehen werden. Soviel sei bereits gesagt: ohne Radfahren ist sie nicht durchführbar.

Klar ist, daß körperliche Fitneß die Voraussetzung für jede sportliche Betätigung ist – bei Mensch und Hund. Längst wissen wir, daß alle Hunde, also auch der Riesenschnauzer, von Natur aus Lauftiere mit einem enormen Bewegungsdrang sind. So betrachtet, dürfte es wohl die Regel sein, daß unser Riese konditionell viel häufiger unterfordert und kaum überbeansprucht wird. Genau betrachtet, bieten Spaziergänge und Auslauf dem gesunden und erwachsenen Riesenschnauzer nicht wirklich genügend Bewegung, um ihn zum Beispiel im Gebrauchshundesport voll belasten zu können.

Als ein besonders empfehlenswertes Trainingsgerät bietet sich daher das Fahrrad an, das, wenn es umsichtig eingesetzt wird, nicht nur die Gesundheit des Hundes, sondern auch die Kondition des Menschen fördert.

Vor dem zwölften Lebensmonat und vor einer tierärztlichen Untersuchung von Hüften, Herz und Lunge sollte man das Fahrradtraining mit dem Riesenschnauzer allerdings nicht in Angriff nehmen. Grundregel ist immer, den Vierbeiner nicht zu überfordern oder zu überhitzen, was, begünstigt durch hohe Temperaturen oder extreme Luftfeuchtigkeit, zu ernsten gesundheitlichen Schäden führen kann.

Aus sicherheitstechnischen Gründen schreibt die Straßenverkehrsordnung vor, daß Hunde auf der rechten Seite des Rades zu führen sind, was daher von Anfang an auch konsequent so geübt wird. Zuerst einmal muß Ihr Vierbeiner an das Fahrrad gewöhnt werden, was durch einfaches Gehen am Rad geschehen kann. Ehe die ersten Fahrversuche gewagt werden, ehe dann später der Hund ans Rad genommen wird, lassen Sie ihn sich vorher richtig bewegen und austoben. Der sonst ausgeruhte und vor Bewegungsdrang und Übermut überlaufende Riesenschnauzer würde, mindestens anfänglich, ungezügelt voranstürmen und Sie, auf dem Rad sitzend, durch die Landschaft zerren.

Wie bei vielen Laufsportarten, beginnt man zuerst einmal mit kürzeren Strecken, damit die Muskeln, Bänder, Sehnen und, was ganz wichtig ist, die Ballen des Hundes sich an die neuen Anforderungen gewöhnen. Waldwege in Kombination mit sauerstoffreicher Luft sind allemal besser geeignet als asphaltierte Straßen und Radwege. Schrittweise schraubt man dann die zu bewältigende Laufstrecke auf 8-10 km

Korrektes Vorsitzen will geübt sein. Der Hund orientiert sich am Blick und Gesichtsausdruck seines Herrn.

hoch. Dabei ist zu beachten, daß nicht der übereifrige, stürmische Schnauzer die Geschwindigkeit bestimmt. Diese muß sich dem Gangwerk des Hundes, das sich im gleichmäßigen und wenig ermüdenden Trab am besten entfaltet, anpassen. Charakteristisch für den vom Riesenschnauzer gewünschten Trab ist seine Fähigkeit zu weit ausholenden, großen, federnden, ausdauernden Schritten, ohne dabei übermäßig Kraft in Anspruch zu nehmen.

Öfter werden kurze Verschnaufpausen eingelegt, die zum Lösen des Hundes, zum Spielen oder zur Ballenkon-

> ### ▶ Tips fürs Radfahren
>
> ☐   Der Hund läuft immer rechts.
>
> ☐   Wickeln Sie die Leine nicht um Handgelenk oder Lenker, um Stürze zu vermeiden.
>
> ☐   Verwenden Sie ein Brustgeschirr, wenn Ihr Vierbeiner am Rad ziehen darf.

trolle genutzt werden. Gehorsam und Disziplin sollten Sie von Anfang an am Fahrrad verlangen. Ungestümes Losbrausen, eigenwilliges Hin- und Herzerren gefährden nicht nur Sie selbst, sondern auch andere Verkehrsteilnehmer und Passanten. Auch überholende Autos und penetrante Hupsignale dürfen Ihren Hund nicht irritieren. Abschließend sei festgehalten, daß manchem kräftigen, temperamentvollen und bewegungsfreudigen Riesenschnauzer ein leichtes und zugleich regelmäßiges Ziehen kaum abzugewöhnen sein wird, was eigentlich ja auch der Kondition des Vierbeiners nicht abträglich ist.

### ▶ Die Ausdauerprüfung

Wie schon erwähnt, zählt der Riesenschnauzer zu den Gebrauchshunden, was bedeutet, daß nicht nur reine Form- wert- und sogenannte »Schönheitsmerkmale« die obersten Zuchtziele bestimmen. Vielmehr wäre seine vielseitige Verwendbarkeit ohne körperliche Robustheit und konditionelle Belastbarkeit nicht zu garantieren. Er eignet sich sehr wohl zum Ziehen eines Hundewagens oder Schlittens oder eben auch als Joggingpartner. Bei Wanderungen bietet sich der Riesenschnauzer als »Traghund« an, wofür es geeignete Aus-

rüstungen gibt (Taschen zum Aufschnallen). Er verrichtet seine Arbeit vorbildlich als Rauschgiftsuchhund, Lawinensuchhund, Trümmersuchhund, Blindenführhund, Diensthund bei Armee, Zoll und Polizei.

Einen augenfälligen Nachweis für Gesundheit und körperliche Tüchtigkeit kann der mindestens 14 Monate alte Riesenschnauzer durch das Bestehen der Ausdauerprüfung erbringen, die in einer Gesamtlaufleistung von 20 Kilometern im Dauertrab besteht. Auf diese Laufleistung haben Sie ihn kontinuierlich am Fahrrad vorbereitet, denn sie stellt schon erhöhte Anforderungen an die inneren Organe, besonders das Herz und die Lungen, und an den gesamten Bewegungsapparat. Die Wegstrecke soll verschiedene Bodenbeschaffenheiten aufweisen und mit einer Durchschnittsgeschwindigkeit von 10 bis 15 km pro Stunde zurückgelegt werden. Nach den ersten 8 km wird eine 15minütige Pause eingelegt, und die zweite 20minütige Unterbrechung erfolgt dann nach weiteren 7 Kilometern. Diese Unterbrechungen nutzt der Richter, um die vierbeinigen Teilnehmer auf etwaige Ermüdungserscheinungen oder wundgelaufene Pfoten zu überprüfen. Danach verlangt die Prüfungsordnung von jedem Hund eine kurze Unterordnungsleistung, die abschließend belegt, daß der Riesenschnauzer trotz der langen Laufstrecke keine erheblichen Konditionsmängel zeigt. Die Ausdauerprüfung (AD), bereitet einem gesunden und trainierten Gebrauchshund keine Probleme.

### ▶ Kinder und Hunde

Umfragen und repräsentative Studien belegen, daß bei Kindern zwischen 7 und 14 Jahren das Interesse am Heimtier ganz oben rangiert. Das Halten eines Hundes, wenn von den Eltern verantwortungsbewußt und wohlüberlegt gehandhabt, kann bei Kindern eine ausgesprochen erzieherische Funktion erfüllen.

Kleine, eher reserviert wirkende, kontaktscheue Einzelgänger entwickeln durch die Anwesenheit ihres Hundes mehr Selbstbewußtsein. Mit dem wohlerzogenen Riesenschnauzer in der Nachbarschaft unterwegs, befinden sie sich in Begleitung eines für sie einstehenden, ihnen vertrauten Lebewesens. Sie müssen auf es achtgeben, werden von Freunden und Passanten angesprochen, müssen und wollen antworten und überwinden so ihre anfängliche Schüchternheit. Mit Hilfe ihres Hundes finden und knüpfen sie Kontakte zur Umwelt. Durch die Verantwortung für das ihnen von den Erwachsenen anvertraute Tier entwickeln sie generell mehr Eigenständigkeit.

Zudem besitzt der Riesenschnauzer einen natürlichen Beschützerinstinkt Kindern gegenüber, und das Kind und der Jugendliche spüren und wissen das. Diese Gewißheit stärkt das Vertrauen und die Selbstsicherheit, und daher sind Kinder, die mit Hunden aufwachsen, meist ausgeglichener und verständnisvoller, weniger hektisch, toleranter und anpassungsfähiger als andere. Nervöse Kinder erfahren überdies, wie wichtig es ist, Geduld zu üben. Sie trainieren also im Umgang mit dem Hund ihr Verantwortungsbewußtsein und werden dadurch selbständiger. Denn früh wird ihnen klar, daß ein Hund in der Familie nicht nur Spaß und Freude bereitet, sondern eben auch Verantwortung und Pflichten, Einsatz, Arbeit, Aufwand und Opfer und hin und wieder auch Ärger und Sorgen bedeutet.

Übrigens, Kinder begreifen ihre Pflichten und Aufgaben in dem Maße, wie die Eltern und Erwachsenen sie vorleben und lehren. Im täglichen engen Umgang mit dem Hund lernen Schulkinder und Jugendliche sehr wohl, dessen Bedürfnisse zu verstehen, sein Verhalten zu akzeptieren und zu respektieren und hundeverständlich und damit angemessen darauf zu reagieren.

Der Hund ermöglicht für viele »verstädterte Menschen« die einzige natürliche Beziehung zu einem Repräsentanten der Tierwelt.

**HUNDE HELFEN MENSCHEN ▸** Inzwischen gibt es zahlreiche wissenschaftliche Untersuchungen und in der Praxis erfolgreich arbeitende Projekte, die den Wert der Heimtiere und besonders auch des Hundes als »Kontakter«, als »Sozialhelfer« und auch als »Therapeut« für Kinder, Erwachsene und alte Menschen, für Kranke und Vereinsamte belegen.

▸    **Der Sportkamerad**
Die Formen und Möglichkeiten der Sportausübung mit dem Riesenschnauzer sind von großer und sich ständig erweiternder Vielfalt. Dies hat den Vorteil, daß, den individuellen Voraussetzungen, Vorlieben und Neigungen entsprechend, eigentlich sowohl für jeden Menschen als auch für jeden Hund etwas Passendes dabeisein müßte. Schnauzerliebhaber, die in ihrer Freizeit Hundesport betreiben, tun für sich und ihren Hund etwas ausgesprochen Wirkungsvolles gegen zwei »Zivilisationserscheinungen«: Sie kompensieren die Bewegungsarmut und entweichen der

## Tips für das Training

Systematisches und allmählich sich steigerndes Training beginnt man nur mit dem ausgewachsenen und medizinisch als gesund befundenen Hund.

Vor dem Training nicht füttern.

Bei sommerlicher Hitze Anstrengungen vermeiden und lieber in den kühlen Morgen- und Abendstunden trainieren.

Streckenlänge, Übungshäufigkeit und Geländeauswahl vom jeweiligen Trainingszustand abhängig machen.

zunehmenden Vereinsamung unserer modernen Gesellschaft.

**KONDITION IST ALLES ▶** Egal, welche Sportart man betrachtet, körperliche Belastbarkeit, Ausdauer, Sprintvermögen und Selbstdisziplin müssen kontinuierlich ausgebaut und trainiert werden, um überhaupt respektable Leistungen zu erzielen. Diese konditionellen Vorgaben und Anforderungen beziehen sich sowohl auf den Hundeführer als auch auf den Hund. Kleinere vierbeinige Kameraden kann man durchaus beim Joggen trainieren. Einen ausgewachsenen, athletisch gebauten Riesenschnauzer wird man aber zusätzlich neben dem Fahrrad laufen lassen, um ihn bewegungsmäßig wirklich auszulasten und demzufolge auch anforderungsgerecht einen ausdauernden Läufer aus ihm zu machen.

Die von der Industrie angebotenen Lauf- und Bewegungsbänder sind nicht zuletzt auch deswegen abzulehnen, weil der Mensch in keiner Weise in die Aktivitäten seines vierbeinigen Freundes mit einbezogen wird. Man könnte fast meinen, daß es sich dabei für den angeschnallten Hund um eine Art »Strafmarsch« handelt, wobei ihm die Geschwindigkeit stereotyp von dem technischen Gerät vorgegeben wird.

Es ist viel besser, die Schnelligkeit und das Sprintvermögen entwickeln sich beinahe unbemerkt, wenn man die Hunde öfter mit anderen im Freien spielen läßt. Dabei genießen sie das ständige Sich-Hinhocken, Aufspringen, Davonrennen, Jagen und Gejagtwerden, und ihr Spiel- und Hetzeifer scheint gar keine Ermüdung aufkommen zu lassen. Eine andere effektive Methode in bezug auf die Entwicklung und den Aufbau von Schnelligkeit besteht darin, daß Ihr Hund von einem Helfer gehalten wird, während Sie sich etwa hundert Meter entfernen und ihn dann freudig gestikulierend zu sich rufen. Sie werden sich wundern, welche Spurt- und Sprintkräfte ein Riesenschnauzer entwickeln kann. Von überschäumendem Temperament und Ehrgeiz getrieben, müssen Sie anfangs damit rechnen, daß der noch unerfahrene Raser Sie in seinem Übereifer umrennt.

### ▶ Turnierhundsport
Kaum eine sportliche Betätigungsmöglichkeit ist dem Wesen und Temperament des lebensfrohen Riesenschnauzers mehr auf den Leib geschrieben als der Turnierhundsport, eine Möglichkeit der sportlichen Aktivität für Mensch und Hund, die inzwischen auch von vielen Hundesportvereinen angeboten wird. Daß der Hundeführer gemeinsam mit seinem Hund ein Wettkampfprogramm absolviert und beide dabei einen

**Mensch und Hund bilden ein Team.**

sportlichen Erfolg anstreben, daß eben auch die körperliche Fitneß des Menschen in Abstimmung mit dem Hund vorhanden sein muß, das macht diese Turniersportaktivitäten so empfehlenswert und wertvoll. Zudem haben viele Hunde und ihre Menschen auch einfach Freude daran, sich in der Gruppe und innerhalb einer Wettkampfatmosphäre zu betätigen, ohne den Ehrgeiz von Hochleistungssportlern zu kultivieren, sondern, um einfach den Bewegungsspaß zu genießen.

Die Turnier-Ordnung sieht vier separate Wettkampfarten vor. Der Vierkampf (VK) beinhaltet Gehorsamsübungen wie Leinenführigkeit, Freifolge (der Hund geht ohne Leine bei Fuß), Sitz und Platz. Dann folgen Hürden-, Slalom- und Hindernislauf. Dies sind Disziplinen, deren erfolgreiche Ausübung viel Geschicklichkeit vom Zwei- und Vierbeiner gleichermaßen erfordert, denn beide müssen zum Beispiel die Stangen möglichst schnell gemeinsam umlaufen.

Im Zusammenhang mit den Hindernislauf- Turnieren (HL) haben Mensch und Hund einen 75 m langen Kurzstreckenlauf zu absolvieren, wobei der Vierbeiner acht Hindernisse wie Treppen, Tunnel, Reifen, Laufdielen, Hoch- und Weitsprung kletternd, springend, gehend und kriechend zu meistern hat, während der Hundeführer unmittelbar parallel zur Hindernisbahn mitläuft.

Auch und gerade der Geländelauf (GL) fordert vom menschlichen Partner Kondition und Training, denn 2000 oder 5000 m zusammen mit dem angeleinten Hund in einer möglichst kurzen Zeit zu bewältigen, das schaffen beide nicht aus dem »Stand«.

Der »CSC« (Combinations-Speed-Cup) ist ein Kombinationslauf für Mannschafts- und Einzelwettbewerbe und setzt sich aus den drei Laufelementen Slalom, Hürden- und Hindernislauf

Agility ... macht
Spaß.

zusammen. So haben bei der Mannschaftswertung drei Hundeführer mit ihren drei Vierbeinern die Hindernisse zu durchlaufen und möglichst fehlerfrei zu überwinden.

Wie das aus Fairneßgründen nicht anders sein kann und um einen angemessenen Wettbewerb zwischen jung und alt überhaupt zu ermöglichen, starten die Turnierteilnehmer in verschiedenen Altersklassen.

### ▶  Agility

Wie bei segensreichen Entwicklungen und Entdeckungen so oft der Fall, wurde die Idee des Agility in England aus der Not heraus geboren: Um die Pausen bei Reitsportveranstaltungen abwechslungsreich und kurzweilig für die Besucher zu gestalten, kam man auf die glorreiche Idee, auch Hunde über eigens dafür gebaute Hindernisse zu schicken. Diese Erfindung, aus der sich wegen ihrer Nützlichkeit und Attrak-

tivität sehr schnell und überaus erfolgreich der Agility-Sport entwickelte, kann mit Fug und Recht als Meilenstein des Sports innerhalb der Kynologie bezeichnet werden.

Agility.... macht Spaß! So lautet daher auch das Motto der Hundesportart, die vor zwanzig Jahren in England auf der »Crufts« vorgeführt wurde. Wegen der ständig wachsenden Beliebtheit verwundert es nicht, daß längst internationale Meisterschaften ausgetragen werden. Richtig angepackt, wird Agility sehr schnell zur Lieblingsbeschäftigung des Riesenschnauzers in Begleitung und in Zusammenarbeit mit seinem Herren. Voller Elan jagen beide einer imaginären Beute über die verschiedensten Hindernisse nach, wobei der Mensch den Hund begleitet und ihm die notwendigen Anweisungen erteilt. Es bedarf deswegen der menschlichen Einwirkungen, weil die Hindernisse bei den Turnieren immer wieder anders angeordnet werden. Ständig sind neue Situationen zu bewältigen. Es wird nie langweilig, und der Hund muß gezielt auf seinen Führer achten, welches Hindernis wohl das nächste ist. Von einem Hindernis zum anderen eilend, muß er dann die unterschiedlichsten Aufgaben lösen und seine vielseitigen Fähigkeiten unter Beweis stellen. Das sind Leistungen, die ihm nicht nur Geschicklichkeit und Schnelligkeit abverlangen, sondern auch im freudigen Zusammenwirken mit dem menschlichen Partner ein Ausdruck seiner Führigkeit und Anhänglichkeit sind. Der Hund wird im Parcours immer ohne Leine und Halsband geführt. Beobachtungsgabe, Einfühlungsvermögen und Reaktionsfähigkeit sind die Grundlagen hierfür, wobei der Mensch viel Hundeverständnis besitzen muß, um im Duo erfolgreich zu sein. Der ideale Hund für diese Sportart muß schnell laufen und gut springen können. Trotz aller geforderter Geschwindigkeit kommt es auf die präzise Ausführung der Aufgaben an, denn sonst gibt es Punktabzug.

Die sehr variations- und in ihren Anforderungen an den Hund abwechslungsreich gestalteten Hürden (fester Tunnel, Stofftunnel, Slalom, Laufsteg, Tisch, Wippe, Schrägwand, Weitsprung/Wassergraben, Buschhürde, Reifen) verlangen vom Vierbeiner neben der trainierbaren Körperbeherrschung, Sprungkraft und motorischen Geschicklichkeit vor allem auch Konzentration, Furchtlosigkeit, Mut, Beobachtungsgabe und Augenmaß – und dies alles bei einer mit voller Begeisterung ausgeführten Betätigung. Ohne Zweifel wirkt sich diese Sportart äußerst positiv auf die Fitneß, Wendigkeit, Koordinationsfähigkeit, Gesundheit,

Lebenserwartung und Altersfrische des Riesenschnauzers aus. Nicht weniger bedeutend ist die Ausübung des Agility-Sports aber auch für die Erhaltung der Gesundheit des Menschen. Der Hundesportler betätigt sich nicht nur körperlich in der freien Natur, sondern der Agility-Parcours schult vor allem auch seine Bewegungskoordination und Reaktionsfähigkeit.

Agility ist eigentlich für jeden Hund und jeden Menschen geeignet, solange menschliche Eitelkeit, überzogenes Geltungsbedürfnis und krampfhafter Siegeswille nicht den Spaß an dieser wunderbaren Sportart verderben.

Schließlich sei noch angemerkt, daß man schon den Junghund auf seine künftigen Aufgaben spielerisch vorbereiten sollte: sowohl in der Gehorsamsausbildung als auch in Hinblick auf die Gewöhnung an Hindernisse.

### TIP

*In der freien Natur finden sich zahlreiche Gelegenheiten für Geschicklichkeitsübungen, man muß sie nur wahrnehmen: Ein über einem Bach liegender Baumstamm, über den der Hund zu balancieren lernt; ein aufgeschichteter Heuschober, den man gemeinsam erklettert; eine breitere Stützmauer, auf die man hinauf- und wieder hinunterspringt; ein großes Tonrohr, durch das der Hund kriecht; ein niedriger Handlauf, den er überspringt, usw.*

Immer kommt es auf die Ausgewogenheit von Vertrauen, Kommunikation und Rangordnung an.

Riesenschnauzer
leisten als Ret-
tungshunde
großartige Arbeit.

Viele Hundesportvereine und Rasse-
hundeklubs besitzen die Geräte und bieten auch Übungs- und Ausbildungs-
möglichkeiten unter sachkundiger Anleitung an. Bevor man aber gezielt mit
dem Agility-Training beginnt, sollte der
Riesenschnauzer die genannten wich-
tigsten Grundkommandos (Sitz, Platz,
Bleib und Hier) beherrschen, da er
unangeleint in der Hand des Führers
stehen muß.

Nicht der höchste Turniersieg ist das
einzig anzustrebende Ziel, sondern die
Freude an der gemeinsamen Bewegung,
am gemeinsamen Spiel macht den
eigentlichen Wert des Agility-Sports
aus. Zu jung oder zu alt für Agility kann
man fast gar nicht sein. Zwischen acht
und über siebzig Jahren ist alles möglich.

Also, auf zum nächsten Agility-Platz
und hinein ins Vergnügen!

▶    **Flyball**

Diese Bewegungssportart, die aus den
USA kommt, ist besonders geeignet für
Hunde mit einem ausgeprägten Spiel-
und Beutetrieb. Der Hundeführer
schickt seinen Hund auf dem Weg zur
»Ballmaschine« über vier nicht allzu
hohe Hindernisse. An der Maschine löst
er mit der Pfote einen Mechanismus
aus, durch den ein Tennisball etwa 60
cm weit aus dem Kasten geschleudert
wird. Den soll er schnappen und auf seinem Rückweg die vier Hürden mit der
Beute im Fang überspringen, um den
Ball so schnell wie möglich seinem ihn
anfeuernden Herrn hinter der Ziellinie
zu überbringen.

Entscheidend dabei ist, daß die
ganze Übung möglichst fehlerfrei in
kürzester Zeit absolviert wird. Sicher
mag es sich, je nach Temperament und
Veranlagung des Hundes, recht müh-

sam gestalten, bis er begriffen hat, daß der Ballwurf durch den Pfotenschlag auf den Hebel ausgelöst wird. Hat der Vierbeiner aber erst einmal die Technik heraus, dann ist es einfach ein Vergnügen, seine Begeisterung und Lebensfreude beim Flyball-Spiel zu beobachten.

### ▶ Ausbildungen

Übergeordnetes Ziel jeder Erziehung des Riesenschnauzers muß es sein, einen in allen Situationen gesellschaftsverträglichen Hund zu besitzen, der mit sich und der Umwelt problemlos zurechtkommt. Dies kann sich nicht nur auf die Entwicklung der Vertrauensbildung zum Menschen beschränken, sondern umfaßt auch seinen Umgang mit Hunden und anderen Tieren. Gezielte Ausbildung von Hunden verlangt auch wirksame Einwirkung des Menschen auf die Vierbeiner, um unerwünschte Verhaltensweisen und Reaktionen zu unterbinden, gleichzeitig aber die gewünschten Lern- und Ausbildungseffekte zu erzielen. Denken Sie bei all der Ausbildungsarbeit immer daran, daß Sie es Ihrem Riesenschnauzer schuldig sind, stets das richtige Maß zu wahren und seine Würde als Tier und treuer Gefährte nicht zu verletzen.

Die schnauzergerechte Ausbildung erfordert Kompetenz, Erfahrung und Einfühlungsvermögen für die Individualität des Hundes. Sie sollte daher nur unter Anleitung und Aufsicht bewährter und qualifizierter Hundesportler erfolgen.

### ▶ Schutz- und Diensthund

International zählt der Riesenschnauzer auf Grund seiner Gebrauchseigenschaften zu den Schutz- und Diensthunden. Merkmale wie Schneid, Wachsamkeit, Mut, Mißtrauen gegen Fremde und Anhänglichkeit gegenüber dem Herrn waren und sind es, die ihm als Schutz- und Diensthund bei Polizei, Bahn, Militär, im Zollwesen, im Grenzdienst und im Wachdienst großer industrieller Betriebe eine so große Bedeutung geben. In Kriegszeiten halfen Schnauzer dem Roten Kreuz und beförderten Nachrichten. Schon zu Beginn des 20. Jahrhunderts erlangten sie in Berlin als zuverlässige und konsequente Wachhunde Berühmtheit, weil sie z.B. die weiträumigen Industrieanlagen von Siemens mutig und kompromißlos schützten.

Mit voller Kraft voraus

**Stellen und Verbellen werden geübt.**

Der als Schutzhund und für den Leistungssport geeignete Riesenschnauzer besitzt ein absolut sicheres Wesen, eine hohe bis mittlere Reizschwelle, Schußgleichgültigkeit, Unerschrockenheit, Ausdauer, Härte, gute Kombinationsbegabung, eine sehr enge Bindung an den Herrn, Führigkeit, Schutztrieb, Beutetrieb, Apportier- und Wehrtrieb. Aber nicht nur der Besitz dieser mehr oder weniger deutlich vorhandenen Wesenseigenschaften machen den erfolgreichen Schutz- und Sporthund aus. Eine weitere Grundvoraussetzung für die optimale Ausbildung ist auch das vertrauensvolle Mensch-Hund-Verhältnis. Idealerweise baut man den echten Leistungshund von Anfang an selbst auf. Daher sollte man einen Welpen nehmen und frühzeitig und entsprechend seinem Alter zielgerichtet mit der Erziehung beginnen.

Ursprünglich galt die Schutzhundprüfung als Leistungsnachweis von Polizeihunden. Bereits 1925 wurde eine verbindliche »Prüfungsordnung für Schutz-, Polizei- und Kriminalhunde«

erstellt. Von nun an wurde der Schutzhundsport auf vielen deutschen Hundeplätzen mit großer Begeisterung betrieben. Viele Menschen vertreten heute die Ansicht, daß ein auf den Mann (Figuranten) dressierter Riesenschnauzer gefährlich sei. Nun, dem muß keineswegs so sein, denn die VDH-Prüfungsordnung schreibt vor, daß die Gehorsamsausbildung Vorrang hat, ehe der Hund zur Mannarbeit zugelassen wird. Gefährlich werden nur jene Hunde, die von ihren Besitzern in leichtsinniger und unverantwortlicher Weise scharf gemacht werden, deren aggressives Verhalten fehlgeleitet wird. Die im Schutzhundesport erfolgreich geführten Riesenschnauzer befinden sich absolut fest in der Hand ihres Führers und gehorchen bei der Mann- und Schutzarbeit in jeder Angriffssituation sofort und kompromißlos auf dessen Kommando. Mit dem Hörzeichen »Platz« kann der abgerichtete Hund in jeder Betätigungs- und Angriffsphase zuverlässig zurückgenommen werden. Auf das Hörzeichen »Aus« muß er den Hetzärmel unmittelbar und bedingungslos auslassen. Aber ein Hund ohne Beißhemmung gegenüber dem Menschen, der mangels Ausbildung nicht bereit ist, sich unterzuordnen, stellt immer eine Gefahr dar.

In dem von Deutschland als dem »Ursprungsland« erstellten »Standard« wird der Riesenschnauzer in all seinen Formwert- und Wesenseigenschaften beschrieben. Für ihn gilt eine wichtige Anmerkung: »Mit Arbeitsprüfung«. Diese Arbeitsprüfung mit Ausbildungskennzeichen (AK) ist die Schutzhundprüfung (SchH) oder die Prüfung nach der Internationalen Prüfungsordnung (IPO), die ihrerseits nicht entscheidend von der deutschen Schutzhundprüfung abweicht. Eine bestandene Arbeitsprüfung berechtigt erst zur Meldung in der Gebrauchshundeklasse einer Zuchtschau. Besitzt man einen so vorzüglichen Riesenschnauzer, daß er auch bei ausländischen Ausstellungen Anwartschaften auf das Internationale Schönheits-Championat (CACIB: Certificat d'Aptitude au Championat International de Beauté) erringt, so kann ihm der Titel »Internationaler Champion« nur dann verliehen werden, wenn er der F.C.I. auch eine bestandene Arbeitsprüfung nachweisen kann. Etwas überspitzt könnte man sagen, daß die Arbeit mit dem Riesenschnauzer eine Art Standardauftrag darstellt. Ganz sicher stellt die bestandene Arbeitsprüfung – neben anderen Forderungen – eine besondere Qualifikation für Zucht, Körung und Ausstellung für wirklich anspruchsvolle Aussteller und Züchter dar.

Die Schutzhundprüfung (SchH) ist das klassische Abrichtekennzeichen der Gebrauchshundeverbände. Diese Prüfung kann entsprechend der Internationalen Prüfungsordnung in drei Stufen abgelegt werden, und zwar in den Stufen SchH I, II und III. Sie besteht aus drei Leistungsbereichen: der Fährtenarbeit, der Unterordnung und dem Schutzdienst. Das Erreichen des niederen Abrichtekennzeichens ist die Voraussetzung für den Start in das nächsthöhere. Zur Schutzhundausbildung gehören Leistungen, wie einen Geländestreifen nach Personen abzurevieren, entdeckte Personen zu verbellen, den fliehenden Scheintäter einzuholen und ihn durch Zubeißen in den Hetzärmel an der weiteren Flucht zu hindern, Angriffe auf den Herrn abzuwehren, Menschenfährten auszuarbeiten, Gegenstände auf der Fährte aufzufinden und alle Kommandos möglichst freudig auszuführen. Der Unterordnungs- oder Gehorsamkeitsteil beinhaltet die Leinenführigkeit, die Freifolge, das Apportieren, Platzmachen, Sitzen und Stehen auf Kommando, das Voraussenden mit Platz, das Überwinden von Hindernissen (Hürde/Kletterwand), und natürlich muß der Riesenschnauzer bei all dem schußfest sein.

Die PSK-Bundesleistungssiegerprüfung (BLSP) als die jährliche »Königsveranstaltung« erstreckt sich über zwei Tage. Ihre Zulassungszahl ist auf höchstens vierundzwanzig Riesenschnauzer beschränkt, die alle angekört sein müssen. Die Hundesportler und Hunde sind vorher als Sieger aus der Ausscheidungsprüfung ihrer Landesgruppen hervorgegangen. Die übrigen zugelassenen Teilnehmer werden über eine Bundessammelliste ermittelt. Der Bundesleistungssieger des Vorjahres ist ohne LG-Ausscheidung zugelassen.

Die Schutzhundprüfung III als Vielseitigkeitsprüfung verlangt von dem Team »Führer und Hund« eine Demonstration perfekten Gehorsams und fehlerfreien Zusammenspiels, wobei die Autorität des (Meute-)Führers nicht in Zweifel stehen darf.

Die an der BLSP teilnehmenden Sportfreunde zeigen mit ihren Hunden die Hohe Schule des Hundesports auf allen Ebenen. Sie stellen damit die überragenden Leistungsqualitäten des Riesenschnauzers und zugleich auch ihr eigenes Einfühlungs- und Ausbildungsvermögen vor einem großen Publikum unter Beweis. Nur unter eiserner Diszi plin und viel Opferbereitschaft sind derartige perfekte und extreme Leistungen von Mensch und Hund überhaupt zu erbringen.

▶ **Fährtenhund**

Schon vor vielen Jahren hat sich aus der Abteilung A (Fährtenarbeit) der Schutzhundprüfung eine eigene Prüfungsdisziplin, die Fährtenhundprüfung (FH), entwickelt. Im Pinscher- und Schnauzerklub erfreut sie sich großer Beliebtheit, was nicht nur die Landesgruppenwettbewerbe belegen, sondern auch alljährlich als bundesweiter Höhepunkt anläßlich der Fährtenhund-Siegerprüfung in überzeugender Weise demonstriert wird. Daß auch der Halter eines älteren Hundes, dem die vollen Anforderungen einer Schutzhundprüfung nicht mehr zugemutet werden sollen, mit der Fährtenarbeit weiterhin im Hundesport aktiv bleiben kann, ist ein weiteres entscheidendes Kriterium für die große Akzeptanz dieser Sportart.

Vorbedingung für die Zulassung zur FH ist, daß der Hund mindestens die SchH I oder eine Begleithundprüfung (BH) abgelegt und somit den Nachweis des Gehorsams erbracht hat. Die Fährtenhunde erfahren eine spezielle Ausbildung, die sich besonders auf die Vervollkommnung der feinsten Unterscheidungsleistungen von menschlichen Gerüchen konzentriert. Wesensmäßig ausgeglichene Riesenschnauzer sind in Kombination mit ihrem hoch entwickelten Geruchssinn besonders geeignet, Spuren zu verfolgen. Aber die noch so hervorragende Veranlagung bedeutet nicht viel, wenn sie nicht sorgfältig ausgebildet wird. Um aus dem Riesenschnauzer einen überzeugenden und zuverlässigen Fährtenhund zu machen, bedarf es vieler konsequenter Übungsarbeit und umfangreicher Erfahrung von Mensch und Hund. Zur Fährtenhundprüfung sei gesagt, daß die FH-Prüfungsordnung z.B. eine dreimal längere Fährte (1000–1400 Schritte) verlangt, als dies die Anforderung bei der SchH I ist. Hinzu kommen noch weitere Auflagen: Die Fährte muß über wechselnden Boden, über eine feste, begangene Straße führen und mindestens drei Stunden alt sein, bevor der Hund angesetzt wird. Zusätzlich wird das Ganze noch durch eine Verleitungsfährte erschwert, die den Verlauf der auszuarbeitenden Fährte dreimal schneidet.

▶ **Ausbildungsstufen**

Es gibt drei Stufen der Fährtenhundprüfung, die sich im Schwierigkeitsgrad und speziell in der Länge, im Alter und den Winkelanordnungen der Fährte unterscheiden. So sucht der Riesenschnauzer z.B. bei der FH I eine 15 min alte Fährte, die sein Hundeführer selbst gelegt hat. Ab FH II müssen Fremdfährten ausgearbeitet werden.

▶ **Rettungshund**

Viele Riesenschnauzer haben sich international an Rettungsaktionen bei Katastrophenfällen beteiligt. Schon im Zweiten Weltkrieg wurden Hunde sowohl in England als auch in Deutschland für die Suche nach Verschütteten nach Bombenangriffen ausgebildet und äußerst erfolgreich eingesetzt. In Deutschland existieren mehrere Rettungshundestaffeln, die überall in der Welt etwa bei Erdbeben eingesetzt werden. Sie leisten hervorragende Arbeit nach Explosionen, Erdrutschen, Lawinenunglücken usw., indem sie unter schwierigsten Bedingungen vermißte oder verschüttete Menschen aufspüren.

Unsere Riesenschnauzer sind für ihre Unerschrockenheit und Nervenstärke ebenso wie für ihre bereitwillige Gehorsamkeit, körperliche Robustheit und Anhänglichkeit an ihren Ausbilder bekannt. Wegen dieser geforderten Eigenschaften können sie auch während der Ausbildung mit allen möglichen Umweltbedingungen konfrontiert werden. Im Ernstfall müssen sie ungestört und hochkonzentriert ihren Aufgaben nachgehen, und dies in einem Umfeld, das durch Lärm, Hektik, starke Rauchentwicklung usw. charakterisiert ist. Um im Hochgebirge nach verschütteten Lawinenopfern zu »schnüffeln« und in schwer zugänglichem Gelände überhaupt arbeiten zu können, werden Rettungshunde auch mit Hilfe von Tragehalterungen separat oder gemeinsam mit ihrem Hundeführer aus Hubschraubern abgeseilt.

Wenn Sie nun glauben, daß Sie und Ihr Riesenschnauzer die hohen und arbeitsintensiven Anforderungen erfüllen, dann sollten Sie mit einem der zahlreichen Rettungshundausbildungsvereine Kontakt aufnehmen.

Als ausgebildeter Rettungshund verschafft man sich auch über Leitern Zugang zu Verschütteten.

**TIP**

*Sie können die Prüfungsordnungen und weiteres Informationsmaterial zu Ausdauerprüfungen, Begleithundprüfungen, Wachhundprüfungen, Schutz- und Fährtenhundprüfungen, Turnierhundsportveranstaltungen und Körprüfungen von der PSK-Geschäftsstelle anfordern (Adresse im Anhang). Die Prüfungen werden von eigens dafür ausgebildeten Prüfungsrichtern, Turniersportbewertern und Körmeistern abgenommen.*

▶ **Im Urlaub**

Vorweg sei festgestellt, daß durch die Anwesenheit des Vierbeiners die Urlaubstage besonders erholsam werden können. Bei jedem Wind und Wetter zwingt er Sie zu Spaziergängen und hält Sie so auf Trab, was der Gesundheit keineswegs abträglich ist. Für den Menschen kann ein Urlaub mit seinem wohlerzogenen Hund Erholung für Körper und Seele sein. Frei von allen Verpflichtungen, lassen gemeinsame ausgedehnte Spaziergänge und unbeküm-

Wenn es nicht anders geht, dann müssen eben Führer und Hund vom Hubschrauber aus abgeseilt werden.

mertes Herumtollen »Herrchen« oder »Frauchen« schnell wieder fit werden.

**DIE PLANUNG ▶** Als leidenschaftlicher Schwimmer fühlt sich Ihr Riesenschnauzer am Meer besonders wohl. Das Studium eines guten Hotel- und Pensionsführers verrät, ob Hunde überhaupt willkommen sind. Fragen Sie nach, ob größere Hunde im Restaurant, am Strand und am Swimmingpool gern gesehen sind.

Insbesondere bei Familien mit kleinen Kindern gewinnt der Urlaub auf dem Bauernhof immer mehr an Beliebtheit. Gehen Sie sicher, daß Ihr Schnauzer die anderen Tiere zufrieden läßt, denn sonst könnte aus dem ländlichen Urlaubsvergnügen schnell ein Alptraum werden.

**AUSLANDSREISEN ▶** Geht es über die Grenze, so brauchen nicht nur Sie gültige Reisedokumente, sondern auch Ihr Riesenschnauzer muß sich ausweisen

können. Auslandsaufenthalte zwingen – trotz aller Freizügigkeit innerhalb der Europäischen Union – zur Beachtung verschiedener Gesetze und Vorschriften, weil die Einreisebestimmungen für Heimtiere noch immer nicht einheitlich geregelt sind, außer daß immer eine Tollwutimpfung verlangt wird. Die Quarantänepflicht Englands und Irlands macht einen gemeinsamen Urlaub mit Hund von vornherein unmöglich. Einer Reise nach Norwegen und Schweden geht ein zeitaufwendiger Papierkrieg voraus. Sie verlangen Einreisegenehmigungen und eine Blutuntersuchung. Reisen Sie nach Italien oder Österreich, müssen Leine und Maulkorb für den Riesenschnauzer immer dabeisein. Für alle Fälle haben Sie den Vierbeiner schon zu Hause mit dem Tragen des Maulkorbes vertraut gemacht.

**DIE BAHNREISE ▶** Über den Hund als »Autofahrer« wurde schon an anderer Stelle geschrieben (Seite 75). Geht es

Auch als Lawinen-
suchhunde haben
Riesenschnauzer
ihre Fähigkeiten
längst unter Beweis
gestellt.

aber per Bahn in den Urlaub, so empfiehlt es sich allemal, das Bahnfahren
mit dem Riesenschnauzer schon vorher
zu üben. Das Ein- und Aussteigen, die
quietschenden Bremsgeräusche, das
Rattern und Rucken, das Zu- und Aussteigen von Fahrgästen mit sperrigem
Gepäck, die Enge im Abteil, die Hektik
auf den Gängen usw. müssen ihm ge-
läufig sein.

**VORAUSSETZUNGEN BEIM HUND ▶**
Für junge Hunde, die sich noch nicht

**TIP**

*Da sich die Auflagen und Einrei-
sebestimmungen für Tiere kurzfri-
stig ändern können, ist es immer
zu empfehlen, den aktuellen
Stand beim zuständigen Konsu-
lat, Tierarzt oder ADAC zu erfra-
gen. Vergessen Sie im Eifer der
Reisevorbereitungen nicht, sich
auch um die Bestimmungen der
Durchreiseländer zu kümmern.*

so richtig im Familienrudel zurechtfin-
den, bedeuten lange Auto- oder Bahn-
fahrten – vielleicht gar noch in ein hei-
ßes südliches Land – einfach abzuleh-
nende Strapazen. Auch beim älteren
Hund sollte vor Reiseantritt eine Vor-
sorgeuntersuchung erfolgen, denn Auslandsaufenthalte bringen eben auch Gefahren mit sich. Ungewohnte Hitze
kann Herz und Kreislauf ernsthaft belasten. Ähnlich wie der Mensch muß sich
auch der Riesenschnauzer an die andere Umgebung und z.B. an das Trink-
wasser gewöhnen. Reisen Sie gar in ein
Land, wo Ihnen der Genuß des Lei-
tungswassers nicht empfohlen wird,
so trifft dieses »Verbot« auch auf den
Vierbeiner zu, um nicht Magen-Darm-
Störungen und Erbrechen zu provo-
zieren.

**VERSICHERUNG ▶** Fragen Sie bei der
Versicherungsgesellschaft genau nach,
welchen Anspruch Sie im Schadensfall
auch im Urlaub und im Ausland ge-

## Reisegepäck des Hundes

**Dokumente**
Impfpaß, Gesundheitszeugnis, Kopie der Police der Hundehaftpflichtversicherung, gegebenenfalls Bahnfahrkarte

**Sicherheit**
Halsband, Leine, Namensschildchen mit Urlaubs- und Heimatadresse, eventuell Maulkorb

**Verpflegung**
Futter- und Wassernapf, Futter, ggf. Futterzusätze

**Beschäftigung und Ruhen**
Kauknochen, Spielzeug, Hundekorb, Hundedecke

**Pflege und Gesundheit**
Kamm, Bürste, Flohkamm, Zeckenzange, Spray gegen Ungeziefer, Pinzette, Mittel gegen Durchfall und Erbrechen; Medikamente, welche der Hund eventuell ständig benötigt. (Berücksichtigen Sie auch, daß viele Medikamente temperaturempfindlich sind.)

genüber der Hundehaftpflichtversicherung haben. Leicht könnten Sie unangenehm überrascht werden, denn viele Versicherer schließen gezielt Schäden durch den Hund an »Mietsachen« aus. Das Hotelzimmer und all seine Einrichtungsgegenstände sind solche »Mietsachen«. Dann kann es passieren, daß sich Ihre Versicherung weigert, den vom Hund beschädigten Teppich zu bezahlen. Somit ist es immer ratsam, sich vor der Auslandsreise vom Versicherer schriftlich bestätigen zu lassen, daß er auch Schäden im Hotelzimmer zu regulieren bereit ist.

### TIP
*Der Deutsche Tierschutzbund hat u.a. Urlaubsberatungstelefone für Tierfreunde eingerichtet. Hier können Sie sich als Riesenschnauzerbesitzer bequem und zuverlässig über die aktuellen Einreisebestimmungen der Urlaubsländer informieren.*

Ziel und Unterkunft richtig gewählt – dann ist der gemeinsame Urlaub ein Gewinn für alle.

# Riesenschnauzer züchten

# Riesenschnauzer züchten

▶ **Verantwortung des Züchters**
Um es auf einen Nenner zu bringen: Es ist die oberste Pflicht des Züchters der Rasse gegenüber, daß er all seine vielfältigen Bemühungen auf die Bewahrung der Lebenstüchtigkeit und die Festigung der überaus wertvollen Charaktereigenschaften des Riesenschnauzers – egal welchen Farbschlags – konzentriert.

Würde es um die Erstellung einer Rangordnung der Ziele bei der Riesenschnauzerzucht gehen, müßte sie lauten:
– Gesundheit und Funktionalität
– Intelligenz und Leistungsfähigkeit
– Formwert und Exterieur.

Selbsterkenntnis, Aufrichtigkeit und Verantwortung sind hohe Anforderungen an den soliden und erfolgreichen Züchter. Bevor der Entschluß zu züchten gefaßt wird, muß das notwendige Wissen erworben und dem Schnauzerliebhaber klar sein, daß der Mensch leicht Gefahr läuft, Gefühle und Eitelkeiten aus seiner Welt ungeprüft auf die Hundehaltung zu übertragen. Viel zu oft und immer zum Schaden der Rasse sind Hundebesitzer und Züchter blind und uneinsichtig gegenüber ihren eigenen Tieren. So gelingt es Kennern und Fachleuten nur äußerst selten, jene verblendeten Menschen davon zu überzeugen, daß es keinerlei zwingenden Anlaß für die Fortpflanzung ihrer Tiere gibt.

Die Verantwortlichen in den Rassezuchtverbänden können manch Lied von Besitzern züchterisch »schwacher« Rüden singen, von eitlen Ehrgeizlingen, die auf Grund überzogener Erwartungshaltungen schon ganze Hunderassen massiv geschädigt haben. Keine Mühe ist ihnen zu groß, kein Aufwand zu hoch, kein Weg zu weit und keine Hündin zu schlecht.

Eine andere Irrmeinung stellt die offenbar unausrottbare Auffassung dar, eine Hündin müsse doch wenigstens einmal im Leben Nachwuchs gehabt haben. Sie brauche dies zur eigenen Reifung, und zudem sei es ja auch medizinisch notwendig, weil sonst gesundheitliche Schädigungen oder gar bösartige Wucherungen im Bereich des Gesäuges zu erwarten seien. Schon vor Jahrzehnten wurde wissenschaftlich eindeutig nachgewiesen, daß jungfräuliche Hündinnen nicht häufiger an bösartigen Tumoren erkranken als zur Zucht eingesetzte weibliche Tiere.

Ohne Großzüchter, die Massen an Hunden liefern, kann es auch keine Moderassen geben. Leider gehen solche kurzlebigen Strömungen stets mit langwierigem Qualitäts- und Niveauverlust

Trächtigkeit geht auf die Figur: eine Championhündin wenige Stunden vor der Geburt

einher. Massenzüchter sind zwangsläufig nicht in der Lage, jedem einzelnen Welpen und Zwingertier genügend Aufmerksamkeit und Lernsituationen zu bieten, damit sich die vorhandenen Veranlagungen des Riesenschnauzers als Partner des Menschen voll entwickeln können. Nicht von ungefähr wird bezweifelt, daß derartig stereotyp und reizarm gehaltene Zuchttiere das nötige umfangreiche Verhaltensinventar entwickeln konnten, was Voraussetzung für die reibungslose Eingliederung des Hundes in die menschliche Gesellschaft ist.

Seit nunmehr über 25 Jahren leben wir mit Schnauzern zusammen. Daraus ist die Überzeugung erwachsen, daß der Riesenschnauzer seine vielschichtigen Eigenschaften am besten in enger Gemeinschaft mit uns Menschen entwickelt. Der engagierte Liebhaberzüchter mit seinem soliden Wissen und der Bereitschaft, viel Freizeit zu opfern, ist der beste Garant für die Erhaltung und Weiterentwicklung des Rassehundes.

Nicht selten werden auffällige Äußerlichkeiten oder flüchtige Modeerscheinungen im Ausstellungsring überbetont. Wenn zum Beispiel wesensschwächere Tiere ausschließlich wegen ihres Exterieurs oder als Folge des Geschickes des Vorführers zu Ausstellungssiegern gemacht werden, liegt die Gefahr nahe, daß solche Hunde auch vermehrt zur Zucht herangezogen werden.

Nicht vornehmlich für den Ausstellungsring und nicht wegen irriger materieller Gewinnabsichten entscheiden Sie sich zur Riesenschnauzerzucht, sondern Sie wollen alles in Ihren Kräften Stehende tun, um gesunde, standardnahe und langlebige Schnauzer in die Welt zu setzen, die als lebensfrohe Partner des modernen Menschen mit der vorgefundenen Umwelt problemlos fertig werden.

▶ **Finanzielle Aufwendungen**

☐ Tierarzt

☐ Ausstellungen

☐ HD-Röntgen und Auswertungsgebühren

☐ Prüfungen

☐ Deckakt

☐ Wurfkiste

☐ Ernährung

☐ Verkaufsinserate

Sprechen wir vom ernsthaften, der Rasse gegenüber verantwortungsvollen Züchter, dann gehört auch dazu, daß offen über Fehlschläge und Mißerfolge diskutiert wird und auftretende Erbfehler nicht verschwiegen werden.

Züchter, die mit Fehlern oder gar Defekten behaftete Welpen stillschweigend beseitigen und ihrem Rassehundeklub gegenüber verheimlichen, verstoßen nicht nur aufs gröbste gegen die Zuchtbestimmungen, sondern lösen damit in unverantwortlicher Art und Weise oft auch weitere gravierende Rückschläge innerhalb ihrer Rasse aus.

Hundezucht, die gewissenhaft und aus Liebhaberei betrieben wird, wirft bestimmt keinen materiellen Gewinn ab. Dies bestätigt auch der Bundesfinanzhof, wonach auf Grund höchstrichterlichen Urteils die Liebhaberzucht steuerfrei bleibt, weil die Aufwendungen für die Hundezucht als deutlich höher angesetzt werden als die Einnahmen. Rie-

senschnauzerzucht ist ein sowohl zeitaufwendiges als auch finanziell belastendes Hobby, das einer Reihe von notwendigen Rahmenbedingungen bedarf.

▶ **Voraussetzungen beim Züchter**

Längst ist bekannt, daß züchten nicht einfach vermehren heißt, sondern es bedeutet, geduldig und zielstrebig an der Weiterentwicklung des Riesenschnauzers mitzuarbeiten. Mitarbeiten setzt aber die Vereinsmitgliedschaft, die Bereitschaft zur Anerkennung von Statuten, Kontrollen und Auslesemechanismen voraus.

Riesenschnauzerzucht läßt sich nicht in einer kleinen Wohnung betreiben und auch nicht im Heizungskeller. Sie brauchen nicht nur verständnisvolle Nachbarn, die das Gekläff einer lebhaft spielenden Meute von Riesenschnauzerwelpen hinzunehmen bereit sind, sondern benötigen auch viel Platz für eine Zwingeranlage. Über den so ungeheuer wichtigen Faktor Zeit haben wir schon an anderer Stelle gesprochen. Die Welpen wollen ständig umsorgt und betreut werden. Glücklich kann sich der Züchter schätzen, der bereitwillig Hilfe und Unterstützung von der Familie erhält. Denken Sie auch an die anfallenden Kosten im Zusammenhang mit der beabsichtigten Zucht.

▶ **Voraussetzungen der Hunde**

Zunächst einmal brauchen Sie eine gesunde, robuste Zuchthündin, deren Hüften in Ordnung sein müssen. Die Hüftgelenksdysplasie (HD), die weitestgehend als Erbkrankheit gesehen wird, befällt fast alle großwüchsigen Rassen. Daher läßt der Pinscher-Schnauzer-Klub auf Grund seiner strengen Be-

Korrekte diagonale
Schrittfolge des
Hundes im Ausstel-
lungsring

stimmungen nur Riesenschnauzer zur Zucht zu, deren Hütten in Ordnung sind. Das standardisierte HD-Verfahren sieht vor, daß die Rontgenaufnahmen der Hüften beim Tierarzt Ihrer Wahl unter Vollnarkose gemacht und dann vom PSK-Gutachter ausgewertet werden.

Das Mindestalter für Riesenschnauzer – maßgebend ist immer der Decktag – beträgt 18 Monate. Hündinnen dürfen nach Vollendung des 8. Lebensjahres nicht mehr zur Zucht eingesetzt werden. Für Rüden ist kein Höchstzuchtalter festgelegt.

Zur Zucht generell nicht zugelassen sind Hunde, welche die formalen, von der PSK-Zuchtordnung geforderten Voraussetzungen nicht erfüllen oder zuchtausschließende Fehler haben, die wiederum detailliert in der Zuchtordnung benannt werden.

## ▶ Hundeausstellungen

Zum Zwecke der Zuchtbewertung müssen die Hunde im zuchtfähigen Alter (ab 18 Monaten) auf einer Zuchtschau durch einen anerkannten Zuchtrichter mindestens mit der Formwertnote »Sehr gut« beurteilt worden sein. Für jeden gewissenhaften Züchter wie auch den informierten Rassehundliebhaber sind Ausstellungen weit mehr als nur ein Jahrmarkt der Eitelkeiten von Mensch und Hund.

Es gibt kaum einen Begriff, über den man sich häufiger und intensiver streiten kann als darüber, was denn nun eigentlich »schön« ist. Nicht die subjektive Auffassung des Richters von Schönheit zahlt, sondern jeder Hund im Ring wird an den Anforderungen gemessen, die für seine Rasse im Standard aufgeführt sind. So ist auch der Standard für den Riesenschnauzer bei der F.C.I.

Multi-Champion
von bester Haar-
qualität

(Fédération Cynologique Internationale) unter der Nummer 181 hinterlegt. Die F.C.I. ist der Weltverband für Hunde-züchter und Hundesportler, in dem Deutschland durch den VDH vertreten wird. Die Bewertung oder Benotung des Riesenschnauzers fällt um so höher aus, je näher er in seinem Verhalten, seiner Anatomie und seiner Kondition der ex-akten Beschreibung der wesentlichen Kriterien – wie im Standard vorgegeben – kommt. Um dies zu ermitteln, wird je-der einzelne Hund genau inspiziert. Zunächst verschafft sich der Richter ei-nen ersten (Gesamt-) Eindruck, dann werden einzelne Punkte genau unter die Lupe genommen: Das Verhalten des Riesenschnauzers, die Konstruktion sei-nes Skeletts, die Beschaffenheit der Muskulatur, Kieferstellung und Voll-zahnigkeit des Gebisses, Knochen-stärke, Winkelungen, seine Motorik (Bewegungen). Kommt der Hund den Standardvorgaben sehr nahe, wird er die Formwertnote »Vorzüglich« erhal-ten. Müssen ihm einige Fehler attestiert werden, wird die Formwertnote »Sehr gut« oder »Gut« vergeben.

Gerade auch unter Zuchtaspekten muß ausdrücklich darauf hingewiesen werden, daß ängstliche, nervenschwa-che Tiere ebenso wie aggressive, ja bös-artige Tiere gar keine Chance haben, eine Zuchtbewertung zu erhalten. Nur der körperlich robuste und konditionell belastbare Riesenschnauzer zeigt auch und gerade im Ring alle seine Vorzüge. Wir sehen also, es geht dabei nicht um den schönsten Hund, sondern um den standardgerechtesten!

▶ **Kör- und Leistungszucht**
Vor dem Zuchteinsatz können Sie Ihren Riesenschnauzer auch einer Körung un-terziehen. Der Zweck der Körung (wofür es eine eigens erstellte PSK-Körordnung gibt) ist es, eine Auslese unter den Zucht-tieren vorzunehmen, die in Formwert

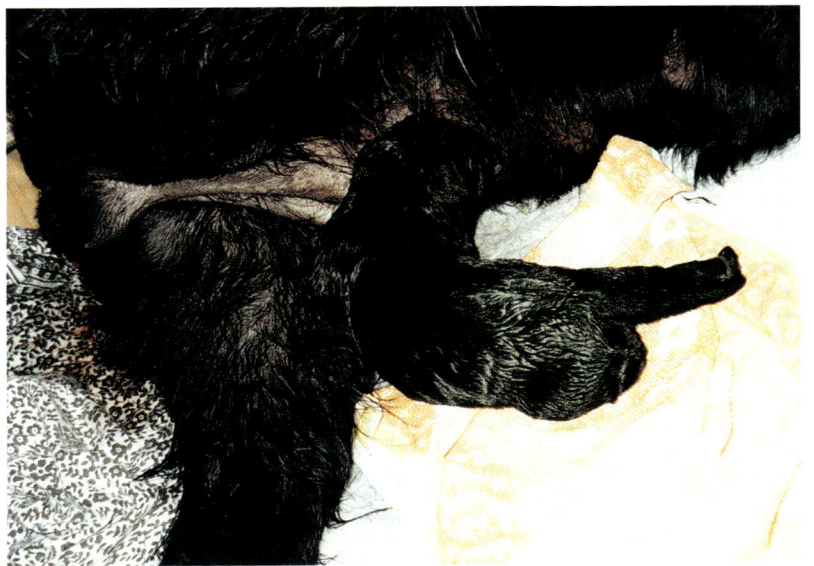

Fit for life: Die Welpen haben die mütterliche Milchquelle per Nase ausfindig gemacht und nehmen mit der Kolostralmilch alle wichtigen Abwehrstoffe auf.

und Wesen in besonderem Maße zur Erhaltung und Förderung der Rasse geeignet sind. Schlicht ausgedrückt: Die Körung ist eine Zuchttauglichkeitsprüfung, bei der die Wesensprobe einen zentralen Stellenwert einnimmt.

### TIP

*Angekörte Tiere sind eine besondere Empfehlung zur Zucht. Haben sowohl Vater als auch Mutter der Welpen die Körung bestanden, erhält der Nachwuchs andersfarbige und besonders gekennzeichnete Ahnentafeln.*

Den züchterischen Höhepunkt würde darüber hinaus die Kör- und Leistungszucht bilden. Um solche Papiere für die Welpen zu erhalten, müssen – zusätzlich zur Körung – beide Eltern auch noch die Schutzhundprüfungen abgelegt haben.

### ▶ Zuchtkontrolle, Zuchtwarte

Strenge Zuchtbestimmungen sorgen dafür, daß plan- und verantwortungsvoll gezüchtet und nicht einfach vermehrt wird. Einen wesentlichen Beitrag zur Garantie der Einhaltung der notwendigen Zuchtbestimmungen leisten die Zuchtwarte. Die Ortsgruppenzuchtwarte sind zuständig für die Überwachung und Betreuung der Zuchttätigkeiten in ihrer Ortsgruppe im Sinne der PSK-Zuchtordnung. Sie haben Verstöße gegen diese Ordnung, auch wilde Zucht, sowie unsachgemäße Unterbringung der Hunde dem zuständigen Landesgruppenzuchtwart zu melden. Der Zuchtwart hat einen in seinem Zuständigkeitsbereich gefallenen Wurf erstmals innerhalb der ersten Woche nach dem Werfen der Hündin zu besichtigen. Die Wurfabnahme soll dann zwischen der vollendeten achten und der zehnten Lebenswoche erfolgen. Er erstellt einen Bericht auf der Rückseite

**Zehn auf einen Streich – und alle satt und proper**

des Wurfmeldescheins. Hier muß er ausführlich über den Gesundheitszustand, vorhandene Mängel und über die Haltungsverhältnisse von Mutter und Welpen berichten. Er weist auch den Züchter darauf hin, daß er verpflichtet ist, Aufzeichnungen über die in seinem Zwinger gefallenen Würfe zu machen. Rüdenbesitzer müssen ein »Sprungbuch« führen.

### ▶ Zuchtplanung

Von Züchtern kann man nur dann sprechen, wenn nicht alles wahllos gepaart wird, sondern von vornherein klar und deutlich ein Zuchtziel angestrebt und konsequent verfolgt wird. Dieses Ziel muß sich immer am Ideal des Riesenschnauzers orientieren, und es muß dem Züchter ständig vorschweben. Das Streben des wahren Züchters geht dahin, durch planvolle Auslese und

zielentsprechendes Verpaaren von besonders geeigneten Tieren Nachwuchs zu erzielen, der besser ist als die Elterntiere. Nicht die Schaffung von vorzüglichen Einzelexemplaren, sondern die Festigung hervorragender Vererbungskraft auf breiter Grundlage macht wahres Können und wahre Zucht aus.

Aber Riesenschnauzerzucht ist nicht nur mit Aufgaben und Mühen verbunden, sondern die Liebe zum Hund und die Zucht mit ihm kann auch viel Freude bedeuten. Was wir damit meinen, soll an einem von vielen, aber besonders beeindruckenden Erlebnis veranschaulicht werden. In Österreich sollte sich unsere Zuchthündin der internationalen Konkurrenz im Ausstellungsring stellen. Vor Beginn des Richtens sahen wir am Rüdenring einen Riesenschnauzer aus unserer Zucht. Es war ein Sohn unserer »Jana«, dem wir seit mehr als

Stolz präsentiert die Mutter zwei ihrer Welpen, die altersbedingt noch etwas unscharf in die Welt schauen.

drei Jahren nicht mehr begegnet waren. Wie im Selbstgespräch fragten wir uns: »Ist das nicht... ?« Er stand mit seinem Herrn einige Meter von uns entfernt, und irgendwie muß er uns wahrgenommen haben, denn plötzlich riß er sich los und stürmte jaulend vor Freude auf uns zu, die Leine hinter sich herzerrend. Total überdreht, regelrecht wie ausgeflippt und kaum zu bändigen, sprang er mit den Vorderläufen fuchtelnd und dabei kratzend an uns hoch, um uns auf seine unbeherrschte Art zu begrüßen. Noch Tage danach haben wir uns über seine derben »Streicheleinheiten« gefreut, waren sie doch spontaner und aufrichtiger Beweis des Dankes für liebevolle Aufzucht und seine glücklich durchlebte Kinderstube. Für uns eine spontane Anerkennung für seine Betreuung während eines ungeheuer wichtigen Lebensabschnitts, in dem er fundamentale Erfahrungen machte und sich seine Grundeinstellung zur Um-

welt – vor allem zum Menschen – entwickelte.

Die moderne Verhaltensforschung sieht es als erwiesen an, daß die Qualitäten eines guten Hundes (Riesenschnauzers) nur etwa zur Hälfte auf seine Eltern zurückgehen. Die andere Hälfte ist der Betreuung des Züchters während der Aufzucht und dem anschließenden Umgang, seiner Förderung und Erziehung durch seinen Besitzer zuzuschreiben.

Mit dem aufregenden Bemühen, den Riesenschnauzer auch in Zukunft als fröhlichen Begleiter zu bewahren, erhält der Züchter sehr wohl viel an Freude, Genugtuung und Dankbarkeit zurück. Daher werden wenige ihre Liebhaberei des eigenen Alters wegen an den Nagel hängen, sondern ihre erfolgreiche Schnauzerzucht fortführen. Bei uns ist es so, daß in der Erinnerung die Freuden den Ärger über die verpaßten Freiheiten überwiegen. Zucht kann regel-

Eine kontinuierliche Gewichtszunahme ist die beste Garantie für eine gesunde Entwicklung.

recht zur Leidenschaft werden und stellt zudem jedesmal eine erneute Herausforderung für den noch so erfahrenen Züchter dar.

Vom Deckakt an lebt man in Spannung und voller Erwartungen. Da stellt sich zunächst die Frage, ob die Hündin überhaupt aufgenommen hat. Ist dann während der Geburt alles gutgegangen, und die Neugeborenen liegen trocken und zufrieden bei der Mutter und genießen »grinsend«, manchmal quietschend, die so lebenswichtige Kolostralmilch, dann ist dies auch immer ein beglückendes Gefühl für den Züchter. Zusehends wachsen und gedeihen die kleinen Hunde, werden immer mobiler und frecher, und es ist einfach spannend und wohltuend zu beobachten, wie jeder neue Tag Fortschritte und drollige Überraschungen bringt. Vor al-

lem die letzten vier Wochen bis zur Abgabe eröffnen dem Züchter enorme lebensformende Einflußmöglichkeiten auf den Welpen. Diese einmalige Chance fröhlich und freudig wahrnehmen zu dürfen, ist einfach ein Geschenk der Natur an den Züchter.

Als Riesenschnauzerzüchter befassen Sie sich mit einem Hobby, das besonders viel Hingabe, Verständnis, Mut und Kraft erfordert – denn Sie befassen sich mit einem lebendigen Wesen, das Freude und Leid genauso verspürt wie Sie. Da es unbestritten ist, daß die Weiterentwicklung jeder Hunderasse vom Engagement, der Integrität, dem Wissen und Können des Züchters abhängig ist, bestimmen Sie – ob Sie wollen oder nicht – auf Gedeih und Verderb über die Qualität der Rasse der Riesenschnauzer mit.

# Service

# Service

▶ **AD** Ausdauerprüfung

▶ **AT** Ahnentafel

▶ **BJGD.SG.** Bundesjugendsieger

▶ **BSG.** Bundessieger

▶ **CAC** Anwartschaft für den Titel Deutscher Champion

▶ **CACIB** Anwartschaft für den Titel Internationaler Schönheits-Champion

▶ **DHV** Deutscher Hundesportverband

▶ **DT.CH.** Deutscher Champion

▶ **E.JGD. SG.** Europajugendsieger

▶ **E.KL.** Ehrenklasse

▶ **E.SG.** Europasieger

▶ **FCI** Fédération Cynologique Internationale

▶ **FH** Fährtenhund

▶ **G** Gut

▶ **GKL.** Gebrauchshundklasse

▶ **HD** Hüftgelenksdysplasie

▶ **HD A** Kein Hinweis für HD (HD-frei)

▶ **HD B** HD-Grenzfall (Verdacht auf HD)

▶ **HD C** Leichte HD (zuchtuntauglich)

▶ **HD D** Mittlere HD (zuchtuntauglich)

▶ **HD E** Schwere HD (zuchtuntauglich)

▶ **HF** Hundeführer

▶ **I.SCH.CH.** Internationaler Schönheits-Champion

▶ **ISPU** Internationale Schnauzer-Pinscher-Union

▶ **J.KL.** Jugend-Klasse

▶ **JSA** Jahressiegerauslese

▶ **JJG.SG.** Jahresjugendsieger

▶ **JSG.** Jahressieger

▶ **JÜ.KL.** Jüngstenklasse

▶ **KBSG.** Klubsieger

▶ **LG** Landesgruppe

▶ **LP** Leistungsprüfung

▶ **LR** Leistungsrichter

▶ **M1** Molar, 1. Backenzahn

▶ **O.KL.** Offene Klasse

▶ **OG** Ortsgruppe

▶ **P1** Prämolar 1, 1. Zahn hinter dem Eckzahn

▶ **PDH** Polizeidiensthund

▶ **PO** Prüfungsordnung

▶ **PUS** Zeitschrift des PSK »Pinscher und Schnauzer«

▶ **PSK** Pinscher-Schnauzer-Klub

▶ **RSps** Riesenschnauzer pfeffersalz

▶ **RSS** Riesenschnauzer schwarz

▶ **S.KL.** Siegerklasse

▶ **SG** Sehr Gut

▶ **SCHH1** Schutzhundprüfung I (es gibt auch die Stufen II,III)

▶ **UR** Zeitschrift des VDH »Unser Rassehund«

▶ **V** Vorzüglich

▶ **VB** Verkehrssichere Begleithundprüfung

▶ **VDH** Verband für das Deutsche Hundewesen

▶ **VDH-CH.** VDH-Champion

▶ **VV** Vielversprechend

▶ **WH** Wachhund

▶ **WJGD.SG.** Weltjugendsieger

▶ **WSG.** Weltsieger

▶ **ZB** Zuchtbuch

▶ **ZB-NR.** Zuchtbuchnummer

▶ **ZH** Zollhund

▶ **ZR** Zuchtrichter

# Der Riesenschnauzer

► **F.C.I.-Standard Nr. 181/D**
**Neu formatierter Standard vom 20.12.1998, der zur endgültigen Verab-schiedung der FCI-Standardkommission vorliegt**

► **Ursprungsland und Patronat: Deutschland**

► **Verwendung: Gebrauchs- und Begleithund**

**KLASSIFIKATION FCI**

Gruppe 2 (Pinscher und Schnauzer, Molosser und Schweizer Sennenhunde), Sektion 1 (Pinscher und Schnauzer mit Arbeitsprüfung).

**KURZER GESCHICHTLICHER ÜBERBLICK**

Ursprünglich benutzte man den Riesenschnauzer im süddeutschen Raum als Treiber der Viehherden. Um die Jahrhundertwende erkannten zielbewußte Züchter, daß er zu hervor-ragenden Leistungen be-fähigt ist und überaus wert-volle Charaktereigenschaf-ten besitzt. Seit 1913 wird er zuchtbuchmäßig ge-führt, und 1925 wurde er bereits als Diensthund an-erkannt.

## ALLGEMEINES
### ERSCHEINUNGSBILD
Groß, kräftig, eher gedrungen als schlank, rauhhaarig; das vergrößerte, kraftvolle Abbild des Schnauzers. Ein trutzig-wehrhafter Hund von Respekt einflößendem Aussehen.

## WICHTIGE
### MASSVERHÄLTNISSE
Quadratischer Bau, wobei die Wiederristhöhe etwa der Rumpflänge entspricht. Die Länge des Kopfes (Nasenspitze bis Hinterhauptbein) verhält sich zur Rückenlänge (Widerrist bis Rutenansatz) ungefähr wie 1:2.

## WESEN
Typische Wesenszüge sind sein gutartiger, ausgeglichener Charakter und seine unbestechliche Treue zum Herrn. Er besitzt hoch entwickelte Sinnesorgane, Klugheit, Ausbildungsfähigkeit, Kraft, Ausdauer, Schnelligkeit und Widerstandsfähigkeit gegen Witterung und Krankheiten. Durch seine angeborene Belastbarkeit und Selbstsicherheit eignet er sich bestens zum Begleit-, Sport-, Gebrauchs- und Diensthund.

## KOPF
**OBERKOPF** Kräftig und langgestreckt, ohne stark hervortretendes Hinterhauptbein. Der Kopf soll zur Wucht des Hundes passen. Die Stirn ist flach und verläuft faltenlos und parallel zum Nasenrücken.

**STOP** Erscheint durch die Brauen deutlich ausgeprägt.

### GESICHTSSCHÄDEL
**NASE** Die Nasenkuppe ist gut ausgebildet, mit großen Öffnungen und sie ist stets schwarz. Der Nasenrücken ist gerade.

**FANG** Endet in einem stumpfen Keil.

**LEFZEN** Schwarz, fest und glatt an den Kiefern anliegend, Lefzenwinkel geschlossen.

**KIEFER, GEBISS, ZÄHNE** Kräftiger Ober- und Unterkiefer. Das vollständige Scherengebiß (42 Zähne gemäß der Zahnformel) ist kräfig entwickelt, gut schließend und rein weiß. Das Fehlen eines oder beider M3 muß nicht als Fehler gewertet werden. Die Kaumuskulatur ist kräftig entwickelt, doch darf keine stark ausgebildete Backenbildung die rechteckige Kopfform (mit Bart) stören.

**AUGEN** Mittelgroß, oval, nach vorne gerichtet, dunkel, mit lebhaftem Ausdruck; Lider gut anliegend.

**OHREN** Klappohren, hoch angesetzt, V-förmig, die Ohrinnenkanten an den Wangen anliegend und gleichmäßig getragen, nach vorn in Richtung Schläfe gedreht, wobei die parallele Faltung den Oberkopf nicht überragen soll. (In Ländern, in denen kein Kupierverbot besteht, gleichmäßig aufrecht getragen.)

## HALS
Der starke, muskulöse Nacken ist erhaben gewölbt. Der Hals geht harmonisch in den Widerrist über. Kräftig aufgesetzt, schlank, edel geschwungen und zur Wucht des Hundes passend. Die Kehlhaut liegt straff und faltenlos an.

## KÖRPER
**OBERE LINIE** Vom Widerrist ausgehend, nach hinten leicht abfallend.

**WIDERRIST** Er bildet die höchste Stelle des kräftigen Rückens.

**RÜCKEN** Kurz und stramm. Lenden kurz, kräftig und tief. Der Abstand vom letzten Rippenbogen bis zur Hüfte ist kurz, damit der Hund gedrungen wirkt.

**KRUPPE** In leichter Rundung verlaufend, unmerklich in den Rutenansatz übergehend.

**BRUST** Mäßig breit, im Querschnitt oval, bis zu den Ellenbogen reichend. Die Vorbrust ist durch die Brustbeinspitze markant ausgebildet.

**BAUCHLINIE** Flanken nicht übermäßig aufgezogen, mit der Unterseite des

Brustkorbes eine schön geschwungene Linie bildend.

**RUTE** Hoch und breit angesetzt, sich zum Ende hin gleichmäßig verjüngend. In der Ruhe mit natürlichem Schwung herabhängend, in der Erregung oder in der Bewegung leicht säbelartig, dabei nicht wesentlich oberhalb der Rückenlinie getragen. (In Ländern, in denen kein Kupierverbot besteht, kann sie auf ca. 3 Wirbel gekürzt werden und wird fließend der Neigung der Kruppe folgend und leicht aufwärts getragen.)

## GLIEDMASSEN
**VORHAND**
**ALLGEMEINES** Die Vorderläufe sind, von vorn gesehen, stämmig, gerade und nicht eng gestellt. Die Unterarme stehen, seitlich gesehen, gerade.

**SCHULTERN** Das Schulterblatt liegt fest dem Brustkorb an, ist beiderseits der Schulterblattgräte gut bemuskelt und überragt oben die Dornfortsätze der Brustwirbel. Möglichst schräg und gut zurückgelagert, beträgt der Winkel zur Waagrechten ca. 50°.

**OBERARM** Gut am Rumpf anliegend, kräftig und muskulös, Winkel zum Schulterblatt etwa 95° bis 105°.

**ELLENBOGEN** Gut anliegend, weder aus- noch einwärts drehend.

**UNTERARM** Von allen Seiten gesehen völlig gerade, kräftig entwickelt und gut bemuskelt.

**VORDERFUSSWURZELGELENK** Kräftig, stabil, sich nur unwesentlich von der Struktur des Unterarms abhebend.

**VORDERMITTELFUSS** Von vorn gesehen senkrecht, von der Seite betrachtet leicht schräg zum Boden stehend, kräftig und leicht federnd.

**VORDERPFOTEN** Kurz und rund, Zehen eng aneinanderliegend und gewölbt (Katzenpfoten), mit kurzen, dunklen Nägeln und derben Ballen.

**HINTERHAND**
**ALLGEMEINES** Von der Seite gesehen schräg gestellt, von hinten gesehen parallel verlaufend, nicht eng gestellt.

**OBERSCHENKEL** Mäßig lang, breit und kräftig bemuskelt.

**KNIE** Weder ein- noch auswärts gedreht.

**UNTERSCHENKEL** Lang und kräftig, sehnig, in ein kraftvolles Sprunggelenk übergehend.

**SPRUNGGELENK** Ausgeprägt gewinkelt, kräftig, stabil, weder nach innen noch nach außen gerichtet.

**HINTERMITTELFUSS** Kurz und senkrecht zum Boden stehend.

**HINTERPFOTEN** Zehen kurz, gewölbt und eng aneinanderliegend; Nägel kurz und schwarz.

## GANGWERK
Elastisch, elegant, wendig, frei und raumgreifend. Die Vorderläufe schwingen möglichst weit vor, die Hinterhand gibt – weit ausgreifend und federnd – die erforderliche Schubkraft. Der Vorderlauf der einen und der Hinterlauf der anderen Seite werden zugleich nach vorne geführt. Rücken, Bänder und Gelenke sind fest.

## HAUT
Am ganzen Körper eng anliegend.

## HAARKLEID
**BESCHAFFENHEIT DES HAARES** Das Haar soll drahtig hart und dicht sein. Es besteht aus einer dichten Unterwolle und dem keineswegs zu kurzen, harten, dem Körper gut anliegenden Deckhaar. Das Deckhaar ist rauh, lang genug, um seine Textur überprüfen zu können, weder struppig noch gewellt. Das Haar an den Läufen neigt dazu, nicht ganz so hart zu sein. An der Stirn und den Ohren ist es kurz. Als typisches Kennzeichen bildet es am Fang den nicht zu weichen Bart und die buschigen Brauen, die die Augen leicht überschatten.

**FARBE** a) rein schwarz mit schwarzer Unterwolle.
b) pfeffersalz. Für pfeffersalzfarbig gilt als Zuchtziel eine mittlere Tönung mit gleichmäßig verteilter, gut pigmentierter Pfefferung und grauer Unterwolle. Zugelassen sind die Farbnuancen vom dunklen Eisengrau bis zum Silbergrau. Alle Farbenspiele müssen eine den Ausdruck unterstreichende dunkle Maske aufweisen, die sich harmonisch dem jeweiligen Farbschlag anpassen soll. Deutlich helle Abzeichen am Kopf, auf der Brust und an den Läufen sind unerwünscht.

### GRÖSSE, GEWICHT

**GRÖSSE** – Widerristhöhe – Rüden und Hündinnen 60 bis 70 cm.
**GEWICHT** Rüden und Hündinnen 35 bis 45 kg.

### FEHLER

Jede Abweichung von den vorgenannten Punkten muß als Fehler angesehen werden, dessen Bewertung im genauen Verhältnis zum Grad der Abweichung stehen sollte. Insbesondere: schwerer oder runder Oberkopf; insgesamt zu kleiner oder zu kurzer Kopf; Stirnfalten; tief angesetzte oder zu lange, unterschiedlich getragene Ohren; helle, zu große oder zu kleine Augen; stark hervortretende Backen oder Backenknochen; lose Kehlhaut; Wamme, Hirschhals; Zangengebiß; kurzer, spitzer oder schmaler Fang; zu langer, aufgezogener oder weicher Rücken; Karpfenrücken; abfallende Kruppe; zu steil getragene oder Hasenrute; lange Pfoten; zu kurzes, zu langes, weiches, gewelltes, zottiges, seidiges, weißes oder fleckiges Haar oder sonstige Farbbeimischungen; braune Unterwolle; bei pfeffersalzfarbig: Aalstrich oder schwarzer Sattel; Über- oder Untergröße bis 2 cm; Paßgang.

**SCHWERE FEHLER** Plumper oder leichter, niedriger oder hochläufiger Bau; nach außen gedrehte Ellenbogen; nach innen gedrehte Sprunggelenke; steile oder faßbeinige Hinterhand; Über- oder Untergröße von mehr als 2 cm und nicht über 4 cm; umgekehrtes Geschlechtsgepräge (z.B. rüdenhafte Hündin).

**AUSSCHLIESSENDE FEHLER** Mißbildungen jeglicher Art; mangelhafter Typ; Gebißfehler wie Vorbiß, Rückbiß, Kreuzbiß; grobe Fehler in den einzelnen Regionen wie Gebäudefehler, Haar- und Farbfehler; scheues, aggressives, bösartiges, übertrieben mißtrauisches, nervöses Verhalten; Über- oder Untergröße von mehr als 4 cm.

### HODEN

Rüden müssen zwei offensichtlich normal entwickelte Hoden aufweisen, die sich vollständig im Hodensack befinden.

# Kaufvertrag

Zwischen dem **Verkäufer** (Name, Vorname, Straße und Nr., PLZ und Ort):

..............................................................................................................................................

und dem **Käufer** (Name, Vorname, Straße und Nr., PLZ und Ort):

..............................................................................................................................................

wird folgender **K a u f v e r t r a g** geschlossen:

**Gegenstand** des Vertrages ist der Rüde*) die Hündin*)

(Name) ...............................................................

der Rasse ....................................... Wurfdatum ...................................

im VDH/FCI-Zuchtbuch des Rassehunde-Zuchtvereins

(Name) ..........................................................

(         ) **) eingetragen unter Nr. .............................

(         ) **) zur Eintragung angemeldet.          Tätowier-Nr.: ..............................

Der **Kaufpreis** beträgt DM .................................          (i. W. Deutsche Mark ...............................

......................................................................................... )

**Der Käufer erklärt,** daß er mit dem Hund nicht*) züchten und diesen nicht*) ausstellen will.

**Der Verkäufer leistet** für die Richtigkeit der in der Ahnentafel bzw. in der Meldung zum Zuchtbuch enthaltenen Angaben **Gewähr, gleiches gilt für die Angaben in weiteren übergebenden Urkunden. Er versichert,** daß ihm irgendwelche offensichtliche oder verborgene Mängel oder Krankheiten des Hundes nicht bekannt sind. **Er erklärt, daß der Hund gegen Staupe, Hepatitis, Leptospirose, Parovirose, Tollwut *) geimpft wurde, und händigt den Impfpaß dem Käufer aus.**

**Der Käufer bescheinigt,** den Hund besichtigt zu haben. **Er erklärt,** daß er über die für die Aufzucht und Haltung eines Hundes notwendigen Kenntnisse, Fähigkeiten und Möglichkeiten verfügt und daß ihm bekannt ist, daß insbesondere ein junger Hund tiergerecht aufgezogen und gehalten werden muß und unter keinen Umstän den überfordert werden darf. Von der Haftung für Beeinträchtigungen und Schäden, die durch falsche Haltung, Aufzucht oder Behandlung entstehen, **stellt er den Verkäufer frei.** Er sichert ferner zu, den Hund nach den Bestim-mungen des Tierschutzgesetzes und den auf Grund dieses Gesetzes erlassenen Verordnungen zu halten.

(         ) **) Die Ahnentafel ist dem Käufer übergeben worden.

(         ) **) **Der Verkäufer verspricht,** die Ahnentafel nach Erhalt vom Zuchtbuchamt dem Käufer
              unverzüglich zuzusenden.

Zusätzlich werden folgende Abreden getroffen:

..............................................................................................................................................

..............................................................................................................................................

..............................................................................................................................................

..............................................................................................................................................

**Verkäufer und Käufer erklären,** daß darüber hinaus weitere Abreden nicht getroffen wurden. Ergänzungen und Änderungen dieses Vertrages bedürfen der Schriftform. Verkäufer und Käufer erhalten je eine Ausfertigung dieses Vertrages.

(Ort) ................................................          (Datum) ................................

**DER VERKÄUFER**          **DER KÄUFER**

---

*) Nichtzutreffendes bitte streichen
**) Zutreffendes bitte ankreuzen

► **Zum Weiterlesen**

Beck, Peter: Das Beste für meinen Hund. Kosmos, Stuttgart 1995.

Becvar, Wolfgang: Naturheilkunde für Hunde. Kosmos, Stuttgart 1994.

Bergler, Reinhold: Warum Kinder Tiere brauchen? Herder, Freiburg 1994.

Borner, Otto und Heinz Höller: 75 Jahre Pinscher-Schnauzer-Klub. Wiesbaden 1970.

Coren, Stanley: Die Intelligenz der Hunde. Rowohlt, Hamburg 1995.

Feddersen-Petersen, Dorit: Fortpflanzungsverhalten beim Hund. Gustav Fischer, Stuttgart 1994.

Feddersen-Petersen, Dorit: Hundepsychologie. Wesen und Sozialverhalten. Kosmos, Stuttgart 1986.

Fleig, Dr. Dieter: Die Technik der Hundezucht. Kynos, Mürlenbach 1992.

Gallant, Johan: Das große Schnauzer Buch. Kynos, Mürlenbach 1998.

Harms, Erich: Der Deutsche Riesenschnauzer. In: Zeitschrift »Pinscher und Schnauzer«, Alsdorf 1983, Hefte 1-7/1983

Hertrich, Hans-Günter: Hundespaß Agility. Kosmos, Stuttgart 1998.

Höhn, Alfred: Die Schnauzer- und Pinscherrassen. Hrsg.: PSK, Siersdorf, März 1972.

Höller, Heinz: Schnauzer und Pinscher. Ulmer, Stuttgart 1986.

Höller, Marga: Pinscher und Schnauzer, Köln 1981.

Jung, Werner: Standard-Buch der Schnauzer- und Pinscherrassen. Pinscher-Schnauzer-Klub 1895 e.V., Köln 1959.

Kejcz, Yvonne: Unser Hund wird alt. Kosmos, Stuttgart 1994.

Krämer, Eva-Maria: Das Kosmos Hundebuch. Hunde halten, kennen und verstehen. Kosmos, Stuttgart 1995.

Müller, Manfred: Vom Welpen zum idealen Schutzhund. Oertel und Spörer, Reutlingen 1978.

Peper, Elke: Gutes Handling. Der bessere Weg zum Ausstellungserfolg. Kynos, Mürlenbach 1996.

Räber, Hans: Brevier neuzeitlicher Hundezucht. Bern 1978.

Räber, Hans: Schnauzer - Pinscher. Kynos, Mürlenbach 1987.

Raiser, Helmut: Der Schutzhund. Berlin 1979.

Rakow, Barbara: Der homöopathische Hundedoktor. Kosmos, Stuttgart 1999.

Stein, Petra: Bach-Blüten für Hunde. Kosmos, Stuttgart 1997.

Stockmann, Friederun: Das Gangwerk des Hundes. Gollwitzer, Weiden 1985.

Strebel, Richard: Die Deutschen Hunde und ihre Abstammung. Reprint, Kynos, Mürlenbach 1986.

Trautmann, Karl-Heinz: Trimming und Pflege der Rauhhaarigen. in: »Der Hund«, Deutscher Bauernverlag, Berlin 1994, Hefte 3 und 4.

Trumler, Eberhard: Ein Hund wird geboren. München 1982.

Trumler, Eberhard: Der schwierige Hund. Kynos, Mürlenbach 1986.

Wachtel, Helmut: Hundezucht 2000. Gollwitzer, Weiden 1997.

Weidt, Heinz: Der Hund mit dem wir leben. Parey, Hamburg 1989.

Weidt, Heinz und Dina Berlowitz: Das Wesen des Hundes. Naturbuch, Augsburg 1998.

Weidt, Heinz und Dina Berlowitz: Spielend vom Welpen zum Hund. Naturbuch, Augsburg 1997.

Wettlaufer, Elsa: Meine Riesenschnauzer. Aufbau einer Rasse. Grünstadt 1976.

Willis, Malcolm B.: Genetik der Hundezucht. Kynos, Mürlenbach 1994.

Zimen, Erik: Der Hund. Bertelsmann, München 1988.

▶ **Adressen**

Pinscher-Schnauzer-Klub
e.V. (PSK)
Geschäftsstelle
Barmer Straße 80
D-42899 Remscheid
Tel.: 0 21 91 - 5 40 42
Rttp:\\www.psk-pinscher-
schnauzer.de
Email: info@psk-pinscher-
schnauzer.de

Internationale Pinscher und
Schnauzer Union (ISPU)
Arnold Dierkes
Feldstraße 59
D-49596 Gehrde
Tel.: 0 54 39 - 12 46

Die ISPU, gegründet 1977,
ist ein internationaler Zu-
sammenschluß von Verei-
nen und Klubs, die in ihren
Ländern die Schnauzer- und
Pinscherrassen vertreten.
Ihr Zweck ist die Förderung
der Pinscher und Schnauzer
auf den Gebieten der Zucht,
des Ausstellungswesens
und des Hundesports, ba-
sierend auf den Reglements
der FCI. Leitung, Koordina-
tion und Repräsentation der
ISPU werden vom 1. Präsi-
denten, der zugleich der 1.
Vorsitzende des PSK ist,
wahrgenommen.

Verband für das Deutsche
Hundewesen e.V. (VDH)
Westfalendamm 174
D-44141 Dortmund
Tel.: 02 31 - 56 50 00
Fax: 02 31 - 59 24 40

Deutscher Hundesportver-
band e.V. (dhv)
Geschäftsstelle
Gustav-Sybrecht-Straße 42
D-44536 Lünen
Tel.: 02 31 - 8 79 49
Fax: 02 31 - 8 77 08 13

Erster Österreichischer
Schnauzer-Pinscherklub
1914
Geschäftsstelle
Christine Wiedorn
Laubgasse 3
A-3003 Gablitz
Tel./Fax: 0 22 31 - 6 19 29

Schweizerischer Riesen-
schnauzer-Club
Präsidentin
Hildegard Tomaschett
Hauptstr. 79
CH-9422 Staad
Tel.: 0 71 - 8 55 55 72

Fédération Cynologique
Internationale (FCI)
13, Place Albert I
B-6530 Thuin
Tel.: 0 71 - 59 12 38
Fax: 0 71 - 59 22 29

Raad van Beheer op Kynolo-
gisch Gebied in Nederland
Postbus 75901
NL-1070 AX Amsterdam Z
Tel.: 00 31 - 20 / 6 64 44 71
Fax: 00 31 - 20 / 6 71 08 46

Societé Royale de Saint
Hubert
98, Avenue Albert Giraud
B-1030 Bruxelles
Tel.: 00 32 - 2 / 2 45 48 40
Fax: 00 32 - 2 / 2 45 87 90

Dansk Kennel Klub
Parkvej 1, Jersie Strand
DK-2680 Solrod Strand
Tel.: 00 45 - 56 / 18 81 00
Fax: 00 45 - 56 / 18 81 91

Norsk Kennel Klub
Nils Hansens Vei 20
N-0611 Oslo 6
Tel.: 00 47 - 2 / 65 60 00
Fax: 00 47 - 2 / 72 04 74

Suomen Kennelliitto –
Finska Kennelklubben
Kamreerintie 8
SF-02770 Espoo
Tel.: 0 03 58 / 9 88 73 00
Fax: 0 03 58 / 98 05 46 03

Svenska Kennelklubben
Rinkebysvängen 70
S-16385 Spänga
Tel.: 00 46 - 8 / 7 95 30 00
Fax: 00 46 - 8 / 7 95 30 40

## Bildnachweis

Fotos Heike Erdmann/Kosmos (S. 3, 6/7, 17, 25, 37, 42, 48, 49o, 49u, 59, 62, 72, 79, 81), Gantenbein (S. 2mu, 92, 97, 98, 99), Panja Gramlich (S. 2ol, 80, 111, 123), Eva-Maria Krämer (S. 93), Ralf Roppelt, Sahara Werbeagentur/Kosmos (7 kleine Kapitelkennfotos ohne Hund), Steeg (S. 106), Ulrich (S. 21). Alle übrigen Aufnahmen stammen von den Autoren.

Zeichnungen von Rainer Benz (S. 64), Milada Krautmann (S. 61u, 113) und Schwanke & Raasch (S. 61o).

## Impressum

Umschlaggestaltung von Atelier Reichert, Stuttgart, unter Verwendung von drei Fotos von Heike Erdmann (Vorderseite) und Panja Gramlich.

Mit 91 Farbfotos, 3 SW-Fotos, 1 Farbzeichnungen und 4 SW-Zeichnungen.

Alle Angaben in diesem Buch sind sorgfältig geprüft und geben den neuesten Wissensstand bei der Veröffentlichung wieder. Da sich das Wissen aber laufend weiterentwickelt und vergrößert, muß jeder Anwender selbst prüfen, ob die Angaben nicht durch neuere Erkenntnisse überholt sind. Dazu gehört z.B., im Zweifelsfall den Tierarzt zu konsultieren, Beipackzettel zu Medikamenten zu lesen, Gebrauchsanweisungen und Gesetze zu befolgen. Hinsichtlich der Zuchtzulassungskriterien, Ausstellungsrichtlinien, Rassestandards, Prüfungsordnungen usw. sind stets die aktuellen Bestimmungen der Verbände, insbesondere von VDH und FCI, maßgeblich.

Die Deutsche Bibliothek - CIP-Einheitsaufnahme

**Schicker, Gisa:**
Riesenschnauzer : (Auswahl, Haltung, Erziehung, Beschäftigung) / Gisa und Walter Schicker. - Stuttgart : Kosmos, 1999
 (Praxiswissen Hund)
 ISBN 3-440-07703-9

ISBN 3-440-07703-9
Lektorat: Angela Beck
Grundlayout: Friedhelm Steinen-Broo, eSTUDIO CALAMAR
Herstellung: Kirsten Raue
Satz: Satz & mehr, Besigheim
Printed in Czech Republic/Imprimé en République tchèque
Druck und Binden: Těšínská Tiskárna, Český Těšín

# Hundepaß

NAME

GESCHLECHT                          TÄTOWIERUNG

GEWORFEN AM                         GEKAUFT AM

BESONDERE MERKMALE

**WICHTIGE ADRESSEN**

ZÜCHTER

TIERARZT

TIERÄRZTLICHER NOTDIENST

HUNDEVEREIN

HUNDEPENSION

ZOOFACHHANDLUNG

# InfoLine

**GISA UND WALTER SCHICKER**

züchten seit 1981 erfolgreich Riesenschnauzer. Ihre Welpen sind im In- und Ausland bekannt und erfolgreich.

Gisa Schicker, die früher im Pinscher-Schnauzer-Klub (PSK) als Zuchtwartin tätig war, ist heute Lehrrichterin und international anerkannte Zuchtrichterin für Pinscher und Schnauzer.

Walter Schicker ist Landesgruppenzuchtwart und Spezialzuchtrichter für Pinscher- und Schnauzerrassen. Er ist Mitglied der VDH-Standardkommission und FCI-Gruppenrichter.

Sie können sich mit Ihren Fragen und Problemen an Gisa und Walter Schicker wenden. Schreiben Sie an die »Hunde-InfoLine« (bitte mit Rückporto):

**Kosmos Verlag**
**»Hunde-InfoLine«**
**Postfach 10 60 11**
**D-70049 Stuttgart**